増補版

教養としてのプログラミング講座

清水 亮

プログラマー

686

中公新書ラクレ

はじめに

あるとき、大学生を対象とした無料のプログラミング講座を開催したことがあります。すると意外なほど受講者が集まって、しかもほとんどの人が文系だったことに大変驚きました。私のような理系育ちにとって、プログラミングは何となく「自分一人で習得するもの」という認識があるのに対し、「習う」という感覚を持ち得る人には文系の方が多かったのかもしれません。

さて、そのとき参加していた文学部の女子学生に、なぜプログラミングに興味を持ったのかを尋ねてみると、彼女は「21世紀では、いずれプログラミングが教養の一つになると思うから」と答えました。

長年、プログラミングとともに生きてきた筆者にとって、この一言は予想しがたく、とても衝撃的であったと同時に、心のどこかでとても腑《ふ》に落ちるものでもありました。

筆者は6歳のときにコンピュータと出会っています。

その頃にはまだ一般用のコンピュータにはマウスもハードディスクも装備されておらず、かな漢字変換すら搭載されていませんでした。

ソフトウェアも自分で作るしかないので、幼い時分にコンピュータに興味を持った筆者は、漢字や日本語の高度な文法を習うよりも先に、プログラミングを勉強することになりました。それからおおよそ30年の月日が流れ、今では6歳の子供でも扱えるプログラミング言語「MOONBlock（ムーンブロック）」、そしてプログラミング端末「enchantMOON（エンチャントムーン）」の開発や、ベンチャー企業の経営に携わっています。

これまでの人生を振り返ると、プログラミングは単にプログラムを作り出し、コンピュータを操るということ以上に、本当に多くの「学び」を与えてくれました。

かくいう筆者が職業プログラマーとして働いたのは人生の中のほんの4、5年に過ぎません。その後はサラリーマンとして、いくつかのヒットコンテンツを作り、起業後は経営者として組織を束ね、事業計画を練り、今に至っています。

しかし、いつの時点でも、私は自分がプログラマーであるという自覚のもと、仕事に携わってきました。というのも、ビジネスマンが頭を悩ませる企画、組織、事業計画、こうしたことは全てプログラミングの応用として捉えることができたからです。

プログラミングとは、一言でいえば「自分以外のものを、思い通りに動かす方法」のこと。適切にプログラミングしたものは、たとえば作者が消滅したとしても、作者の意図を反映し、プログラミングした通りに動くことになります。

これが企画であれば、企画者の意図通りにユーザの気持ちを動かそうとするのも「プログラミング」であり、組織であれば、組織全体をリーダーの意図通りに動かそうとするのも「プログラミング」であるといえます。

つまり、こうした仕事をしている人たちは、本人が意図していようがいまいが、全て「プログラマー」なのです。ビジネスでなくとも、子供を持つ親にとっての「子供の教育」や「子供との接し方」、これらもプログラミングということができるでしょう。あまりに世の中にプログラムが浸透しすぎていて、私たちはその存在を見落としているだけなのです。

筆者はプログラミングを理解していることで、ビジネスだけではなく、人生での重要な判断や意思決定の際にも大きく影響を受けてきました。

振り返ってみると、おそらく職業プログラマーならずとも、「こうすればこうなる」というプログラミングの知識を持っていることで、より広い視野で、より深く考えることができたのではないでしょうか。

実際、私の身のまわり、たとえば官僚や経営者にもプログラミングのスキルを持った方は少なくありません。もちろん彼らがそれを意識しているのか、していないのかは分かりませんが、プログラミングが身に付いている人の方が、そうでない人より社会的にも、そして人生という側面でも、成功を収めているように感じます。

ここまで長くなりましたが、とすれば、プログラミングは単なるスキルや趣味ではなく、文学部の彼女がいったように、実は「教養」でもあると考えるのもあながち間違いではないと思うのです。あらゆる学問を背景にここまで進化を遂げ、さらに進化し続けるプログラミングを学ぶのは、ビジネスや日常生活でも大きな意義のあることなのではないでしょうか。

そこで本書では、プログラミングに直接携わっていない人はもちろん、現役のプログラマーであっても楽しみながら理解できるよう、プログラミングの成り立ちから仕組み、そしてプログラミングから見た世界などについて順を追って紹介していこうと考えています。いうならば本書は「プログラマーの視点」を提供するガイドブックなのかもしれません。

プログラミングの世界はとても奥深く、輝くような魅力に溢れています。本書を携え、一緒にその世界へ冒険に出かけましょう。

目 次

Chapter 2
コンピュータ不要のプログラミング入門——基本ルールを知ろう

Chapter 3 今すぐ役立つプログラミングテクニック ——プログラマーの思考法を知ろう

Chapter 5 プログラミングの未来

本文ＤＴＰ・図表作成／市川真樹子

増補版

教養としてのプログラミング講座

Chapter 1

プログラミングはあなたの隣に

プログラミングを学ぶと、どうなる

本書を手にとったあなたは、どのような方でしょう。

会社員？　それとも学生さん？　学校の先生もいらっしゃるかもしれませんね。でもきっと、コンピュータを専門の仕事にしている方ばかりではないことでしょう。本書はそういった方がお持ちの「プログラミングという言葉はよく聞くけど、実際はどんなことなのだろう」という疑問に答える本です。

「はじめに」でもご紹介させていただきましたが、筆者は大学や講演会などで、「プログラミング」を多くの方に教えてきました。そういった場で、私が最初に説明するのは「プログラミングを勉強することで、どんないいことがあるのか」ということです。

今やプログラムは、世界中に溢れています。有料のものもありますが、無料で配られているプログラムも無数にあります。

しかし、コンピュータを仕事にする人ならともかく、どうしてそうでない人でもプログラミングを学ぶ意味があるのでしょうか？

私は全くの初心者に、プログラミングを学ぶことの効能を以下のように説明します。

〈プログラミングを学ぶと身に付くもの〉

- 論理的なものごとの考え方
- 情報を適切に分類し、活用する方法
- 最小の手間で正確な仕事をこなすための思考法
- 知らない人と知恵を共有する方法

テクノロジーの進歩とともに、プログラミングは圧倒的に簡単になっています。それだけにプログラミングを学ばないのはかなりもったいない。というのも、プログラミングを学ぶことで身に付く知恵は、実生活のさまざまな場面でも応用が利く、とても有意義なものばかりなのですから。

本書では、Chapter 2 でコンピュータを使わないプログラミングの実例、Chapter 3 で実生活に応用できるプログラミングのテクニックを紹介し、そして Chapter 4 でようやくコンピュータを使ったプログラミングを実践しますが、専門的な知識は必要としないよう、工夫して構成しています。

Chapter 5では、プログラミングの未来について語り、本書を読み終わる頃には、あなたはちょっとした「プログラミング通」になっていることでしょう。それどころか、プログラミングの意義と魅力を、他の人に語れるようになっているかもしれません。

プログラミングとは何だろう

ではここで改めて、「プログラミング」とは何のことを指すのでしょうか？

単純な言葉の意味としては、当然「プログラムを組む」ということを指しますよね。では
そもそも、ここでいう「プログラム」とは何を指すのでしょうか？

実は、このことを一言で定義するのは非常に難しいのです。

身近な例で考えてみましょう。まず、コンピュータに関係しない「プログラム」と呼ばれるものを、皆さんはいくつ挙げることができるでしょうか。

全く思いつかない？ いやいや、よく探せばあなたの周りにも結構あるはず。

■ 運動会のプログラム

■入学式・卒業式のプログラム
■発表会のプログラム
■結婚式の式次第
■電車やバスの時刻表
■教育に関する計画（教育プログラム）
■テレビ番組（英語で「TV program」）
■壮大な計画（アポロ計画を英語でいうと「Apollo program」）

どうでしょう。そういわれれば、「プログラム」という表現に合うものが、日常生活のあちらこちらに点在していることに改めて気付かされるのではないでしょうか。

では、こういったプログラムに共通する特徴を考えてみると……。

■順序立てられている
■予め作られている
■何らかのタイミングでとるべき行動が決められている

すぐに気が付くのはこういった点でしょうか。ここに、プログラムを定義するための秘密が隠されていそうですね。

そこで実際にあなたがプログラムを組むところを想像し、分析してみましょう。

誰しも毎日行うプログラム、そう、たとえば「目覚まし時計」の設定なんかがちょうどいいかもしれません。

多くの方は「果たしてそんなことがプログラミングと呼べるの？」と思われることでしょう。しかし、携帯電話などに搭載されている、日本語予測変換システムの開発に携った慶應義塾大学の増井俊之教授も「これこそが分かりやすいプログラミングの好例」だといっています。

では明日、朝6時に起きなければならないとして目覚まし時計を設定する手順を想像し、実際に書き起こしてみてください。

プログラム的に書くならば、［表01］のようになるかもしれません。

起きる時間を設定し、鳴る音について設定し、止め方を設定する。たったそれだけのことですが、わざわざ書き起こすと、何となく難しく感じられますよね。

表01 目覚まし時計の設定

▼朝６時になったら音を鳴らせ	時刻の設定
▼音量は大きすぎるとびっくりするので中くらいに 鳴る音は心地良いものがいいので「水滴の音」に	音の設定
▼起きられないと困るので最初は小さく、だんだん音を大きくしろ	スヌーズ機能の設定
▼ボタンを押されたら音を鳴らすのをやめろ	停止条件の設定

しかし目覚まし時計の設定がプログラミングだとしたら、その定義とはいったい何なのか？

今度はファストフード店のレジを想定して、接客マニュアルをプログラミングしてみましょう。

レジ業務の一部を抜き出して、プログラム的に書くと、きっと［表02］のようになるのではないでしょうか。本当のマニュアルなら、お辞儀の角度からトラブル時の対応まで、さらに具体的に細かく、想定される状況に応じた手順が書かれているとは思いますが、おおよそはこのようなニュアンスで定められているはずです。

こうしたマニュアル、これこそが実はプログラムそのもの。そしてこのように、「どういったシチュエーションで、どう対応するかを書き記す」ことこそがプログラミングなのです。

レジ接客マニュアルは各手順での指示に具体性があるぶ

表02 ファストフード店のレジ接客マニュアル

▼お客様が注文を行うためにレジに近づいたら、目を合わせて微笑み、「いらっしゃいませ」と挨拶する
▼メニューを指差し、「ただいまの時間はこちらの商品がお勧めです」と売り出し中の商品をアピールする
▼注文を受けたら、すぐにマイクに向かって注文を繰り返し、そのままレジにも入力する
▼お客様に合計金額をお伝えし、代金を受け取り、おつりとレシートをお渡しする
▼商品がすぐに用意できるものであれば、「少々お待ちください」と言い、トレイに商品を乗せてお客様に渡す
▼長い時間お待たせする場合にはすぐに提供できるドリンクやサイドメニューを先に準備し、「申し訳ございません。お食事はのちほどお席までお持ち致します」と断りを入れ、トレイに番号札とドリンクなどを乗せてお客様に渡す
▼お帰りになるお客様をお見かけした場合、「ありがとうございました」とレジの中から明るく声をかける

ん、運動会のプログラムよりもさらにコンピュータのプログラムに近いかもしれません。

そしてそういった手順やルールをプログラムと呼ぶのであれば、私たちは想像しているよりずっと多くのプログラムに囲まれて、普段から暮らしているといえるのではないでしょうか。

ですので、もし「プログラムとは何か」と尋ねられ、一言で答えなければならないならば、まずは「手順を正確に記した文章」とでも返すのがふさわしいのかもしれませんね。

プログラミングは「人類の叡智」である

ところで、プログラムという言葉の由来をご存じでしょうか。本職のプログラマーであっても、さすがにそこまでは知らないと思います。

実はプログラムという言葉の語源、これはギリシャ語の「πρόγραμμα」であるといわれています。「プログランマ」と発音し、「公に書かれたもの」というのがその意味。

多くの方が誤解しているのですが、近しい間柄にあるように感じるプログラムとコンピュータ、これらはもともと、完全に切り離された概念でした。法令や宗教的儀式、哲学、その他、人々をコントロールするためのルールこそが、かつては「プログラム」と呼ばれていたのです。

古代ギリシャでプログラムを定めることができたのは、ルールを決定する側に立つ人々。当然、法律や宗教を規定できる特権階級者であり、おそらくプログラムを作るということ自体、非常に崇高な行為と見なされていたのではないでしょうか。

そして時代が進み、現在の私たちはコンピュータという機械を手に入れました。

コンピュータは、人間の何億倍ものスピードで情報処理をしてくれる、優秀なパートナー。

そうしたパートナーを操るということと、多数の人間を集めた組織を運営することは本質的には同じことなのです。

そのため、意外なように思われるかもしれませんが、プログラミングとは、いろいろな能力を持った人たちが知恵と力を合わせる、最も簡単かつ強力な方法ともいえます。そしてプログラミングを学ぶということは、力を合わせる方法、チームワークを高める方法を学ぶことだといい換えることができます。

たとえば、素晴らしいアイデアを思いつく能力と巨大組織を作り上げる能力。普通に考えれば、これらは全く別のものに思えます。映画監督の宮崎駿さんが、卓越したクリエイターであることは疑う余地のないことですが、スタジオジブリの商業面を支えているのはプロデューサーで取締役の鈴木敏夫さんです。そしてこうした関係性は、多くの分野で不変でした。

ところがプログラマーだけは、職人的な能力を持った人がそのまま成長し、巨大な組織を動かして、社会に大きな影響を与えることができます。実際、21世紀になって大きな社会的変革を成し遂げた Facebook のマーク・ザッカーバーグ、Apple のスティーブ・ジョブズ、そして Amazon のジェフ・ベゾスらはみなプログラマー出身でした。

最近までプログラミングはそれだけで専門的に研究されることはなく、さまざまな人々がさまざまな言葉で、たとえば組織論、経営論、経済学、マーケティング論、戦略論、戦争論といった理論のもとで、バラバラに論じられていました。

しかし、コンピュータの利用が一般家庭にまで広がり、同時にプログラミングという作業も普及し、進化・発達してくると、これまでとは反対の様相を呈することになります。

プログラミングの価値が認識され、多くの領域で、その考え方が応用できることが分かったため、組織や仕事に関するさまざまな問題を、プログラミング的な視点で捉え直すことが求められるようになってきたのです。

今やプログラミングを理解するということは、「世の中の仕組み」を理解することだといい換えてもいいかもしれません。

先ほど「プログラムとは何か」という質問に、「手順を正確に記した文章」だと答え、プログラミングは「それを書き記すこと」だと定義しました。ただし、筆者は本書において、プログラミングをこうも定義したいと思います。

プログラミングとは「人類の叡智」である、と。

あらゆる場面に応用される、プログラマーの思考法

プログラミングする人、すなわちプログラマーはどのように思考しているのか、ここで想像してみましょう。

実はプログラマーとして熟練すればするほど、生み出すプログラムがシンプルになるのと同様に、思考も効率化され、洗練されていきます。そしてその洗練こそが、プログラミングを他の仕事に活かすヒントとなるのです。

たとえば、みんなで河原に行って「四つ葉のクローバー」を探す、そんな場面を想像してみてください。

友達数人で四つ葉のクローバーを探そうとするとき、どうしますか？

全員で同じ場所だけを探したりはしないですよね。「Aくんはあっち、Bちゃんはこっち」というように、受け持つ範囲を割り振って、それぞれ探すように考えるのが効率的で自然ではないでしょうか。

実はこの方法は「分割統治法」と呼ばれ、プログラミング技術の一つとして知られています。

「分割統治法」の技術は、たとえば営業マンがエリアを決め、片っ端から電話をかけていくという営業活動、いわゆる「エリアセールス」として応用できるでしょう。ピザの宅配店がそれぞれ宅配エリアを決めて営業する、という戦略なども分割統治法の応用例といえます。

「なんだ、プログラミングってその程度のことか」と思われるかもしれません。そう、「その程度のこと」だったからこそ、プログラミングというものが持つ、本当の力が見過ごされてきたのです。

「分割統治法」は非常にシンプルで、要領のよい人ならすぐに思いつくものですが、使うと使わないとではかかる手間が全く異なる、とても優れた思考。そしてプログラミングとは「機転」とも呼ばれる、それらの優れた思考の道筋を体系化し、洗練したものだともいえます。

実際、こうした「四つ葉のクローバー探し」や「エリアセールス」「宅配ピザ」における分割統治法は、プログラミングとは意識されていません。しかしプログラマーの視点を通せば、こうした戦略そのものが、プログラミング技術の亜種としても捉えられる、ということなのです。

「分割統治法」のほかにもう一つ、このようにプログラミングテクニックとして認識されていない例をご紹介しましょう。

小さな町の食堂を思い浮かべてみてください。オヤジさんが厨房の中で調理を担当し、オカミさんが注文と接客を担当する。よくある風景ですよね。

食堂ではオカミさんがお客さんから注文をとって、オヤジさんが調理し、料理を提供するわけですが、調理の間、オカミさんはじっと待っているわけではありません。次にお客さんが来れば、また注文をとり、てきぱきと料理を運び、食べ終わった食器は洗い場へ戻します。オカミさんが動き回っている間、オヤジさんの手も止まりません。前の料理が運ばれたそばから次の料理を作り始めています。

この見事な「役割分担」があるおかげで、オカミさんは接客に集中し、そしてオヤジさんは調理に集中できるのです。

一方でこの役割分担ができていないところ、たとえばオヤジさん一人でまわしている食堂に入った際、たくさんの先客と同席したためにイライラしながら待たされる……なんてこともすぐに想像できるのではないでしょうか。

ここでオヤジさん一人しかいない食堂と、先ほどの食堂との違いを、料理が運ばれるまでのプロセスで考えてみましょう。

どんな食堂でも、お客さんが入店して料理が提供されるまでの基本的なプロセスが［表03］の流れになっているとします。

表03　注文の流れ

A	お客さんが食堂に入ってくる
↓	
B	メニュー表がお客さんに渡る
↓	
C	お客さんが食べたいものを考える
↓	
D	お客さんの注文がオヤジさんに伝わる
↓	
E	オヤジさんが調理する
↓	
F	完成した料理がお客さんに提供される

オヤジさんが一人しかいない食堂に、二人のお客さんが別々に来て、先に入店したお客さん1が注文に悩めば［表04❶］のような流れになりがちです。

この場合、C「お客さんが食べたいものを考える」に、注文をとりに行ったオヤジさんが待たされることになったため、厨房に戻れず、以後の進行がストップ。後に入ったお客さん2の流れも滞ってしまっています。これは全ての過程を一人の人間でこなそうとするために起きること。

ではオヤジさんとオカミさんがいる食堂ならどうでしょう。

この場合、接客するのはオカミさんに限定しているので、同時に複数のお客さんを捌《さば》き

表04　食堂での接客の流れ

❶オヤジさんが一人しかいない食堂

お客さん1	A	→	B	→	C	→	→	→	→	→	D	→	E	→	F				
お客さん2			A	→	→	→	→	→	→	→	B	→	C	→	D	→	E	→	F

❷オヤジさんとオカミさんが役割分担している食堂

お客さん1	A	→	B	→	C	→	→	→	→	→	D	→	E	→	F				
お客さん2			A	→	B	→	C	→	D	→	E	→	F						

やすくなるはず。

　仮に［表04❷］のように、お客さん1が長く考え込んでも、オカミさんの判断で、お客さん2の注文を先にオヤジさんに届けることができれば、その場で調理は始まりますから、少なくともお客さん2は早く料理にありつけることでしょう。

　メニューを貼り出しておくことなどでA↓B↓Cのプロセスは短縮できるかもしれませんが、オヤジさんとお客さんとのやりとりに時間がかかれば、ロスが発生することは避けられません。やむなく効率を追求すれば、選択の余地が無いくらいにメニューを限定するか、調理が簡単な、もしくは作りおきのものを提供することになるでしょうから、これではバラエティに富んだ、美味しい料理を提供することは自然と難しくなってしまいます。

　接客係と調理係をきちんと分担することで、より調理に力を入れたメニューを提供する。これが食堂ではとても大事なのです。

　プログラミング用語では、こうした役割分担を「パイプライン」と呼びます。

パイプラインは複雑な作業工程を細かな単純作業に分割し、効率的に作業を処理する方法として、プログラムの世界で頻繁に用いられている技術です。

そして屋台や食堂の発展形、たとえばフランチャイズ方式のレストランともなると、まさにこういったプログラミング技術のオンパレードになります。

レシピや材料が全く同じでも、味にはどうしても差が出るはずだし、食材の調達に下ごしらえ、調理という過程は高級レストランと変わらない。なのになぜ、フランチャイズのレストランでは、全国どこでも割安で、均一な味の料理を提供できるのでしょうか。

この難問をクリアするために、多くのフランチャイズ店では、「セントラルキッチン」方式を採用しています。

それぞれのレストランからほぼ等距離の地点に、食材の調達から下ごしらえの加工まで一手に行う大規模な厨房を設置。毎日そこから各レストランへ向け、下ごしらえの終わった食材を送る。これならフランチャイズ全体の食材を一気に大量に仕入れることができるため、仕入れコストが下がります。

下ごしらえも一度に行えば、熟練した職人による味の均一化を図ることもでき、価格を下げ、味を均一なクオリティに保つこともできます。そのうえ、各レストランでは最低限の調理しかしなくてよいため、かかる時間も短縮できる。これが「セントラルキッチン」の利点です。

このセントラルキッチン、プログラマーなら先に述べた分割統治法とパイプラインの複合技として捉えられるかもしれません。このように、実社会のさまざまな仕組みが、プログラミングという視点を通じて説明でき、またプログラミングの概念が、実社会のさまざまな局面にも応用可能だといえるのです。

次項目以降、プログラミング技術が古今東西の実社会で活かされる場面を見てみましょう。

実社会で活きるプログラミング❶　長篠の戦い

日本の歴史でも、プログラミング技術と類似する戦術が大きな功績を挙げたことがあります。

時は戦国時代。ご存じ、尾張のうつけ者とも呼ばれた織田信長が、当時無敵を誇っていた武田騎馬軍団を「長篠の戦い」で打ち破ることができたのは、とある戦術があってのことでした。

機動力があり、また高いところから攻撃を行うことができる騎馬隊こそが最強だと疑われていなかった当時、信長は鉄砲隊を戦場の中心に据えていました。しかしこの時代、鉄砲を撃つにはまず筒を掃除し、火薬と弾薬を詰め、狙いを定めて撃つ、という過程が必要で、1発撃った後、2発目を撃つまでの間にかなりの時間を要することになります。そのため、速力に勝る騎馬隊に、鉄砲隊が蹂躙《じゅうりん》されてしまうこともしばしば。

そこで信長は馬防柵を設け、鉄砲隊を3列に分けて柵の後ろに配置し、1列目が発砲するとすぐさま後ろに下がり、2列目はいつでも発砲できる態勢を維持、という戦術を編み出したと言われています。実は、これはプログラマーが「バッファリング」と呼ぶ技術。コンピュータでよく使われているのはダブルバッファリングという方式ですが、信長の場合、3列ありますからトリプルバッファリングとでも呼べばよいでしょうか。

バッファリングが用いられている例として、コンピュータの画面表示があります。コンピュータの画面はたえず書き換えられていて、通常は一度画面を全て消去してから必要な図形を描画する、という手順をとっています。毎回ゼロから書き換えているので、いくら高速で書いても、書いている途中の画像がチラついて見えてしまうことがかつての欠点でした。

そこで現在では、コンピュータの内部に画面を表現するためのバッファ（領域）を二つ用意して、片方のバッファが完成したらそれを表示、その間にもう片方のバッファを書き換え、今度はそちらが完成したら画面を入れ替える、という処理を行っています。そうすることで、チラツキを抑え、間断なく画面を表示できているのです。

信長は鉄砲隊が発射準備をするために発砲できなくなる時間を無くし、絶え間なく発砲できる態勢を維持するトリプルバッファリング戦術を採用したというわけです。

身近な例では警備員の交代制なども、一種のダブルバッファリングと呼べます。どれだけ優秀な警備員でも、ずっと集中して警備していれば疲れてしまいます。疲れて、本来の能力を発揮できなくては警備の意味がなくなってしまいますから、時間がくれば必ず交代し、そして交代している間はしっかりと休息をとり、次の警備のための鋭気を養います。これもバッファリングの効果です。

2011年の東日本大震災のとき、現地に派遣された自衛隊の隊員は、どれだけ忙しくても必ず交代で休息をとっていたそうです。そうしなければ、咄嗟《とっさ》のときに十分な能力を発揮できず、かえって全体に迷惑をかけてしまう、という考えが徹底されているのかもしれません。

読者の中には会社で毎日残業続き、もしくは徹夜続きで疲弊している方もいらっしゃると思いますが、それでは体力の消耗が激しく、十分な能力を発揮できません。休むときは休む、働くときは働く、というメリハリが大事なことは、バッファリングの考え方がこれだけ世の中に浸透していることからも分かるはずです。

実社会で活きるプログラミング❷　ブラックマンデー

先ほどプログラムとは、「手順を正確に記した文章」だと定義しました。ですので、プログラムが書ける、プログラミングできる、ということは「コンピュータを含めた自分以外の人やものに仕事を頼むことができる」ということと同義だといえます。とすれば、「お金儲けの手順をプログラミングしたら、自動的にお金を稼げるのでは」などと思いつく方もいらっしゃるのではないでしょうか。

何だか怪しい話になってきましたが、実際にそういうプログラムは存在します。たとえば、株式取引の世界での「プログラム取引」などはまさにそれでしょう。

ある会社の株を買うべきか、売るべきか、プログラムに基づいてコンピュータが瞬時に判断し、売り買いの注文を自動的に出す。人間が取引の注文を出すより圧倒的にスピードが速く、利益を生む確率も高まるため、プログラム取引を主体とする金融機関では、今や経済学部を卒業した学生だけではなく、プログラミングにも強い、物理学や数学を専攻した学生を多く採用しているそうです。

「理論的には分かるけど、そんなことで本当に大丈夫なのかな」と思われるかもしれませんね。やはり落とし穴がありました。

１９８７年のこと。ちょっとした計算違いで、とある会社の株を実情よりもかなり低めの値段で売り出してしまったプログラムがありました。

それを見た他のプログラム。同社の株を持っていたので、このままでは価値が目減りしてしまうと自動的に判断し、安い値段でその会社の株を売り出します。すると、それを見ていたさらに別のプログラムが、同社の株は下げ基調にあると判断し、その株を持っていないにもかかわらず、カラ売りという手法を用いて、さらに低い値段で売り出しました。さらに別のプログラムにいたっては、同社の株価の下落は、業界全体の失速を意味すると解釈し、同じ業界の、別の会社の株をカラ売り。

こうなると、市場は大混乱。

最初のプログラムも、相場が下がってきたので、慌てて自分が保有する他の株を売り始めます。それを見た別のプログラムはさらに低い値段でカラ売りを開始。経済の基礎的な状況も相まって、結果的に個人投資家を巻き込み、株式市場全体がもの凄い勢いで暴落していきました。

この日は月曜日だったため、のちにこの事件は「ブラックマンデー」と呼ばれます。株の暴落のために、自殺者が出るほどの混乱をきたしたこの事件。引き起こした要因となったプログラム取引を行っていた人々も、さぞ懲りたことだろう……というと、実はそうでもなく、プログラムの問題点を見つけて改良し、ブラックマンデーが二度と発生しない工夫に注力しました。特に２００８年に起きた「リーマンショック」以降はプログラム取引が完全に主流となり、個人投資家の何倍ものスピードで売買を行うまでになっています。

ちなみに今は一般の人でもプログラム取引をすることができます。「株ロボット」と呼ばれるサービスで、自分で作ったプログラムで株式売買ができるようになりました。

人々のあくなき欲求に導かれ、プログラム取引はさらに進化を続けています。

実社会で活きるプログラミング❸　結婚

ところでなぜ、私たちはプログラムを必要とするのでしょう。その答えの一つは、「作業の均一化」にあります。

近代における大量生産と工業化の進展にとって、「誰がどのように作業しても、同じ結果を生む」ことができるかが一つの鍵でした。そしてそれを可能にしたのが、前述のファストフード店のような、手順のマニュアル化であり、工場の生産ラインの設計だったのです。

確かにマニュアルの通りにやっていれば、個人の能力や特性とは無関係に、同じサービス、同じ作業ができるようになりました。従来は職人の勘や、長年の経験に頼っていたものが、マニュアル化されることで誰にでもできるようになったのです。

このことは、「個性を奪っている」ともいえるかもしれません。

しかし、そのおかげで、私たちは大量生産された自動車に乗って移動し、時間通りに発着する電車、バスなどの公共交通機関を低コストで利用できるのです。自動車が昔のように手作りのままだったら、とても庶民が利用できるようにはなりませんでした。

それにプログラムがあるからといって全ての個性を奪う結果にならないことは、たとえば結婚式のことを考えてみても分かると思います。

　多くの人にとって結婚式は人生で一度の晴れ舞台。思い入れもたくさんあり、準備にも時間をかける人が多いのではないでしょうか。

「自分の結婚式では、バイオリニストの叔父さんに演奏してもらいたい」「思い出深い、母校のチャペルで式を挙げたい」など、結婚式のプログラムは、新郎と新婦が一緒に話し合って決めるもの。いわば世界に二つとない、二人だけの、愛のプログラムです。

　そういう個性を盛り込んだプログラムはコンピュータの世界にも存在しており、プログラミングは、作曲や執筆のように、思想の表現手段の一つとしても考えられているのです。

　さらに愛に関連するプログラミングとして重要なものに「教育」があります。

　子供を持つ人なら誰でも、「電車で騒いではダメ」「ストーブに触ってはダメ」などと子供を叱った経験があるでしょう。

　これも立派なプログラミングなのです。

　子供が自分の安全を自分で守れるようにいい聞かせて教育すること。彼ら彼女らの人生を正しく導いてあげられるような環境を用意すること。

　親が死んでも子供は生き続けます。そして子供はまた、自分の子供に同じように教育を与えることでしょう。

　プログラミングとは、自分のいないところでも、自分以外の存在が自分の期待通りに振る舞うよう、その道筋を整える仕組み。だとすれば、子育ては立派なプログラミングであるといえます。

　結婚式で、花嫁の父親はなぜ泣くのでしょうか。

　それはおそらく哀しいから、寂しいからだけではないように私には感じられます。

　自分の育てた娘、すなわち自分のプログラミングした存在が、自立して自らの伴侶を選び、巣立ってゆく。これは子育てというプログラミングにとって、一つの完成を意味します。人生のうち、数十年という歳月を費やしたプログラミングが、ついにそこで一つの成就を迎える。完成に感動する気持ちは、筆者もプログラマーとして痛いほどよく分かります。

　逆にお嫁さんを迎える側の両親は、あまり激しく泣いたりしません。それは「新しい家族を作るという、新たなプログラミングが待っているから」なのかもしれませんね。

実社会で活きるプログラミング❹　柔術と柔道

今やオリンピック競技でもあり、世界中で愛されている「柔道」が生まれたのは明治時代。東京大学の学生であり、柔術と剣術の達人でもあった嘉納治五郎という青年が創始したといわれています。

しかし明治時代は、維新によって武士という身分が消滅。その武士が会得する技術でもあった柔術や剣術も同時に不要になりつつある、そんな時代でもありました。

そこで嘉納は、本来は「殺人術」としての目的を持って進歩してきた柔術と剣術のエッセンスを抜き出し、「競技」としての柔道を創始したのです。

柔道には、もともと柔術、剣術で用いられていた「崩し」という要素が存分に用いられています。この要素は、それまで武道の達人にならなければ体得できない、また明かされない極意とされていましたが、嘉納はこの「崩し」の原理を理論的に解明。その「崩し」を軸とする、新しい技やルールを完成させました。

このエピソードは、プログラミングの成り立ちと非常に近いものを感じます。

そもそも、プログラミングという行為は、歴史上、形を変えて繰り返し行われてきました。あるときは為政者のため、またあるときは祭事のため、無数のプログラムが作られてきたのです。

そして、この「プログラム」が政治や宗教などと独立した概念であるということが認識されたのは、20世紀に入って電子計算機、いわゆるコンピュータが発明されてからでした。柔道における「崩し」も、コンピュータの「プログラミング」も、昔から存在はしていたけれど、一部の人たちにしか知られていなかった極意であり、一般の人たちが扱う機会に恵まれなかったという点で似ているのではないかと私は思います。

そしてプログラミングを学ぶということは、それまで明かされてこなかった、「考え方の極意」「計画の極意」を学ぶことと、いい換えることもできるのではないでしょうか。プログラミングは、単にコンピュータを操るための手段ではないのです。

プログラミングに関する二つのアプローチ

さて、ここまでいかがだったでしょうか。実際の世界がプログラムやプログラミング技術に満ちていることをご理解いただけたのではないでしょうか。

ところで、コンピュータが生まれ、コンピュータを操る技術が「プログラミング」と呼ばれるようになってしばらくすると「全ての人がプログラミングできるようにしたい」という発想も、ごく自然に生まれました。

というのも、前述のようにプログラミングというものは、単にコンピュータを操るということ以上に、自分のいないところで人やものを効率よく、そして思い通りに動かす極意が詰まっていることが分かってきたからです。

そこで、昔から多くの人々によってプログラミングを簡単にする方法が模索されてきました。たとえば「Excel（エクセル）」に代表される表計算ソフトはそのうちの一つです。

世界で最初の表計算ソフトといわれるのは、1979年に登場した「VisiCalc（ビジカルク）」。当時は簡易言語と呼ばれていました。

なお、VisiCalc がなぜ表計算ではなく簡易言語と呼ばれていたかというと、使うための手順が簡易だったから。

今のようにソフトウェアが充実していなかった当時、「コンピュータを使って計算をする」ということは「計算するためのプログラミングをする」ことを意味していました。

たとえば家計簿をつけたいと考えたら、家計簿のプログラムを書き、グラフを表示したければ、グラフ表示のプログラムを書く必要があったのです。そのため「コンピュータで家計簿をつけるには博士号が必要」というジョークが生まれるほど、表計算はとても難易度の高いものでした。

ちょっとした家計簿をつけるためにプログラムを書かなきゃならないなんて、想像もつかないですよね。しかも、どの家計簿にも要求される機能は同じようなものですし、使うグラフも同じようなもの。その都度プログラミングを行うのは何だか非効率に感じます。

そこで、いちいち個別に専用のプログラムを書くことなく「簡易的に」計算をプログラミングできるソフトとして、VisiCalc が登場しました。

このソフトを使って表形式で表現された画面に数字を打ち込み、「この列の合計」と指示すれば、簡単に合計値を出すことができます。これは当時コンピュータを取り巻いていた状況からすると、まるで魔法でした。しかも一度、計算表を組んでしまえば、次回からは数値を書き換えるだけで自動的に新しい計算をしてくれます。「コンピュータとはこんなに便利な道具なのか」という驚きを社会に与え、VisiCalc は大ヒットしました。

VisiCalc が登場したことで、それまで所詮「オモチャ」だと捉えられていた家庭用コンピュータも一気に利用範囲が広がります。ビジネスのツールとして本格的に活用されるようになっていったのです。

表計算ソフト以外でも、プログラミングを簡単にし、誰にでも使えるようにしようというアプローチはコンピュータの歴史の中で何度も試されてきました。いわゆる「簡略化アプローチ」です。そして簡略化アプローチの進展とともに「ユーザが次に何をやりたいのか、プログラム側にも予測させる」という、「予測化アプローチ」も生まれました。

この分野で最も普及し、おそらく皆さんにも馴染みが深いのが、先ほど増井教授の功績としてご紹介した「日本語予測変換システム」です。

携帯電話やスマートフォンに何文字か入力すると、その人が何を入力したいのか、過去の実績などから予測し、候補を表示しますよね。たとえば「か」と打つと「帰る」「買う」、そのまま濁点を入力して「が」になると、「学校」「我慢」などを予測して表示する、人がコンピュータを理解しようとするのではなく、コンピュータの方から人間を理解しようというアプローチがそれです。Google検索に文字を入れると、検索キーワード候補が出てくるのも同じアプローチといえます。

そのGoogleが提供し始めたサービス「Google Now」は、まさにこのアプローチの最先端。驚くべきことに、検索キーワードを入力するより先に、ユーザが何を求めているかを予想し、「こんな情報を欲していませんか」と問いかけてきます。この機能は、同じくGoogleが開発したウェアラブルコンピュータ「Google Glass」のように、情報を発信するより受け取ることに集中したい場合、特に効果的なアプローチとなります。

簡略化と予測化、いずれにせよコンピュータの進歩にとって、非常に重要なアプローチといえるでしょう。ちなみに本書の姿勢は「プログラミングを簡単にする」簡略化アプローチなのかもしれません。

以前は非常に難しく複雑だったプログラミングも、21世紀の今では洗練され、非常に簡単になっています。具体的なプログラミングの練習に入る前に、次章では基本のルールや構造を理解していきましょう。

身構えなくても大丈夫。難しい数学や英語は出てきませんよ。

COLUMN
コンピュータの誕生と進化 1

コンピュータ開発の黎明期

ここで、プログラミングを学ぶとともに、是非「コンピュータ」についても学んでおきましょう。

プログラムにとって重要なパートナーであるコンピュータについて理解すれば、よりプログラミングを深く理解することができるはず。

そもそもコンピュータとはどのように誕生し、進化してきたのでしょうか。5回のコラムで、コンピュータの誕生から今日の隆盛に至るまでの秘密に迫ります。

そもそもコンピュータとは何だったのか

現在「コンピュータ」といえば、普通は電子的な仕組みで動く自動計算機のことを指します。ところが20世紀半ばまで、「コンピュータ」とは職業を意味していました。「コンピュータが職業とはどういうこと？」と思われるかもしれません。

しかし、Player（プレイする人）、Speaker（話す人）、Rider（乗る人）と同じで、コンピュータ（computer）も、最後がerで終わりますよね。erは「〜する人」という意味を持つことを踏まえると、コンピュータ（computer）は「コンピュートする人（計算手）」を指すわけです。

実はこの計算手という仕事、20世紀の半ばまでは一般的な職業の一つでした。

今のような電子計算機が無かった当時、大学院に通う学生が、教授の書いた数式を検証するために計算手のアルバイトをしたり、企業や銀行で金利の計算をしたりと、いたるところで必要とされていた職業だったのです。

社会で計算するニーズが増えていくとともに、計算手の重要性は年々増していきました。しかし、人間である以上、計算間違いもあります。それを防ぐために二重、三重のチェックを入れなければならないという手間がありました。

自動計算機とＩＢＭの誕生

この頃、機械による自動計算の研究も始まっていました。

計算手がいることで計算そのものはできるというのに、なぜわざわざ機械で計算しなければならないのか。当時、その研究の価値を疑問視した人もいたことでしょう。

自動計算機が必要になった背景とは現実的な理由によるものでした。

時は１８９０年。当時のアメリカでは大統領を決めるための選挙人の数や、分配される予算配分などを国勢調査の結果に従い、州ごとに配分していました。

しかし、人口・経済ともに急成長していたため、人力による計算処理がついに限界に。10年ごとの国勢調査なのに「90年時の調査を集計するには、13年を要する」と学者に指摘されてしまったのです。

前回行われた80年時の国勢調査にかかった歳月は実に7年。10年前よりさらに経済、人口ともに倍加している状況では、国勢調査の集計が調査期間を上回るという異常事態にも陥りかねませんでした。しかし現実問題としては国勢調査が政治の根幹となっているため、これが期間内に終わらないなど、もってのほか。そこで必要に迫られて導入したのが、機械による自動集計だったのです。

実際、自動集計は驚くべき成果を挙げます。ハーマン・ホレリスが開発した「タビュレーティング・マシン（自動集計機）」はその集計を、わずか18か月で完了させてしまいました。

この自動集計機はパンチ（穿孔）カードと呼ばれる、孔《あな》のあいたカードを使い、集計をします。孔をあける場所によって、年収、住所、性別、家族構成といった情報がカードに落とし込まれ、自動集計機はその孔を頼りに集計していくというのが大まかな仕組み。

ホレリスはこの成功をもとに「タビュレーティング・マシーン社」を設立。その後、商用計量器メーカーである「コンピューティング・スケール社」、出退勤時刻自動記録装置メーカー「インターナショナル・タイム・レコーディング社」と合併し、「コンピューティング・タビュレーティング・レコーディング社」となります。

なお、この会社は1924年に「インターナショナル・ビジネス・マシーンズ社」と改称。人々は敬意を込めてこう呼ぶことになります。ビッグブルー、または「IBM」と。

蒸気機関のコンピュータ

ホレリスがタビュレーティング・マシンを開発したのは19世紀後半のことですが、それを「世界で初めての自動計算機」と呼べるかというと疑問が残ります。

というのも、それはあくまで集計作業のための機械であり、情報処理はするものの、汎用的なプログラムを実行できるまでにはなっていなかったから。最初にプログラミング可能な自動計算機が考案されたのは、「もっと最近」ではなく、実は「さらに昔」だったのです。

時は19世紀初頭、チャールズ・バベッジというイギリスの数学者が、当時流行していた蒸気機関を用い、自動計算を行う機械を考えつきます。それは微分を解析することから「階差機関（ディファレンス・エンジン）」と呼ばれました。

しかし非常に大掛かりな装置であったために開発費は膨大。その開発費を上回るほどの効果を生むかも分からなかったため、バベッジはスポンサー探しに失敗してしまいます。

そのバベッジのよき理解者となったのが、オーガスタ・エイダ・キング。彼女はイギリスきっての詩人であるバイロンの娘で数学の天才でした。

エイダはいかに階差機関が素晴らしいのかを示すためにデモンストレーション・プログラムを書くなど、バベッジに協力し、階差機関の実現に献身します。しかし実際に製造されるまでには至らず、このコンピュータは幻に終わってしまいました。

アメリカにあるコンピュータ歴史博物館には、バベッジの設計図をもとに、近年ようやく完成した階差機関の実働模型が展示されています。蒸気機関ではないミニチュア版ですが、経緯を知ったうえでパタパタ動くさまを目にすると、ちょっとした感動を覚えます。

長い時を超え、ようやくバベッジとエイダの夢は実現したのです。

Chapter 2

コンピュータ不要のプログラミング入門
――基本ルールを知ろう

前章で、いかに実社会でもプログラミングが活きているのかを理解していただけたかと思います。本章では身近な風景である「お使い」を例にとりながら、プログラム、そしてプログラミングの基本ルールについての理解を深めていきます。

ルールを理解することは、プログラミングを読み解く近道。細かい部分までの理解は難しくとも、基本のルールさえ分かれば全体の意味をくみ取りやすくなるはず。まずはここから始めましょう。

プログラミングの鉄則❶「伝え漏らすべからず」

さてある日、ママが娘の杏花《きょうか》ちゃんにお使いを頼むとします。10歳の娘さんにお使いを頼むなら、こんなふうにお願いすることでしょう。

「杏花ちゃん。1000円を渡すから、スーパーマーケットに行って長ネギを2本買ってきて。もし安かったらバナナもね。そうそう、それと、帰りにコンビニに寄って、新しい週刊少年ジャンプがでてたら買ってきてくれるかな」

おとなしくいうことを聞いていた杏花ちゃん。ママから1000円札を受け取ると「うん、分かった！」と元気に出かけて行きます。そしてママの言いつけ通り、スーパーとコンビニをまわり、頼まれたものを全て購入し、小一時間ほどで家に帰ってきました。こりゃ褒められるぞ、お小遣いもらえるかな、なんて淡い期待を抱きながら。

しかし買い物袋の中身を見たママは、みるみる機嫌が悪くなっていきます。

「長ネギを買ってきてくれてありがとう。でもね、どうして300円もするバナナを買ってきたの？　それとこのジャンプ、うちにあるやつでしょう」

話を聞く限り、買ってきたものが、若干ママが期待するものと違っていたようですね。てっきり褒められると思っていた杏花ちゃんは困って泣き出してしまいました……。

さて、この場合は何がいけなかったのでしょうか？　杏花ちゃんの不手際、ということではなく、実はママのお願いの仕方にこそ、その原因がありそうです。

まず、大前提として子供には十分な経験や判断力が身に付いていません。

ですから「安い」というのがいくら以下なのか、「新しい週刊少年ジャンプ」が何月何日号を指すのか、具体的に分からないままでは、大人が期待しているものを購入できなくてもそれは当然のこと。

しかし子供が相手なら、ママもまだ寛容な気持ちでいられるのですが、大人、たとえばパパがお使いを失敗したときには考え得る最悪なパターンが待っているのではないでしょうか。

「パパ。会社帰りにたまごを買ってきて。安かったら2パック。それとトイレットペーパーも無くなりそうだから忘れずに買ってきて。そうそう、あと、単三電池もね」

滅多にお使いを頼まれないパパだと、これだけでもう大混乱。

たまごを買いにスーパーに寄ったまではいいけれど、「L玉を買うべきだろうか。いや、健康のためにはヨード卵がいいのかな」などと、そもそもどれを買うべきかでとても悩むとでしょう。悩んだ末、「大は小を兼ねる」とばかりに「お買い得シール」が貼られたL玉を2パック購入し、スーパーを後にしました。

ようやく家の近くまで来たとき、トイレットペーパーと電池を買い忘れたことに気付きます。「明日でもいいかなあ」などと悩みましたが、ママの機嫌を損ねるのは怖いので、やむなく近所のコンビニに戻ることに。そこでトイレットペーパーと単三電池2本を買い、家に到着しました。

一応、頼まれたお使いは全て済ませたパパ。ママに得意顔で買い物袋を渡し、居間のソファーに「やれやれ」と腰掛けました。しかし買い物袋をのぞいたママは、例によって怒り出します。

「どうしてたかが朝食のために値段の高いL玉なんて買ってきたの？　しかも2パック！　それに何よ、このトイレットペーパー！　たった4巻しか入ってないじゃない。さては持ち歩くのが面倒くさくて、そこのコンビニで買ったんでしょ。そのうえ、この電池！　単三を2本だけなんてずいぶん器用な買い方してくるわねえ。スーパーならレジの横に10本くらい束になったやつがあったでしょうに、もったいないお金の使い方。安い電器屋さんに行くとか気を利かせればいいのに……」

会社帰りの疲れた身でお使いしてきたのに、このいわれよう。少しパパが可哀想になってきます。

しかし、あくまでプログラミングの世界で、ではありますが、この「お使い」のいまいちな結果については、杏花ちゃんとパパ（＝コンピュータ）に対し、指示（＝プログラム）を作成（＝プログラミング）したママ（＝プログラマー）が悪いということになります。

というのも「自らが判断を下すのではなく、指示に従って動く」という性質がコンピュータに備わっている以上、期待している事象があるのならそれも伝え漏らさず、プログラムに加えなければならないからです。

そして、プログラミングした対象が期待通りの動きをしなければ、それは全て命令を下したプログラマーの責任。あなたがもしプロのプログラマーだったなら、誰かにお使いを頼み、意図したものと違ったものを買ってこられても、そこは黙って「指示を漏らした自分にこそ責任がある」と、自戒しなければなりませんよ。

プログラミングの鉄則❷　あくまで「コミュニケーション」の一様態

プログラミングの時点で伝え漏れをなくしておくことで期待した動作に近づくなら、では

「お使い」では、どのような指示をすればよかったのでしょうか。先ほどママが杏花ちゃんに伝えたプログラムを確認してみましょう。

「杏花ちゃん。1000円を渡すから、スーパーマーケットに行って長ネギを2本買ってきて。もし**安かったらバナナ**もね。そうそう、それと、帰りにコンビニに寄って、**新しい週刊少年ジャンプがでてたら**買ってきてくれるかな」

これらのプログラムでは、太字部分に曖昧な記述が含まれています。

まず「安かったら」といっていますが、「安いとは何円以下を指す」と示されていませんから、「安さ」の基準が個人の感覚に任されてしまいます。また「新しい」だけでは、いつ刊行された、どの号を指すのかハッキリしません。これでは杏花ちゃんがママの意図通りにお使いできなくても文句はいえないでしょう。

杏花ちゃんがもう少し社会経験を積んでいたら、この時点でプログラムの誤り（不明確な部分）に気付き、こう確認したかもしれません。

「ママ、安いバナナっていくらくらいなの？」
「うーん、今の相場だと150円くらいかな」
「新しい週刊少年ジャンプって何月何日号のこと？」
「4／15って表紙に書いてある号のことよ」

ママがきちんとコミュニケーションし、これらの曖昧な部分を明示していれば、お使いは無事に成功したはず。しかも大人相手だからか伴侶への遠慮の無さからなのか、パパに対してはさらに大雑把な指示をしています。

経験を積んだ大人同士の場合なら、人は他人から与えられた指示を自分なりに解釈し直し、さらに相手の望む結果はどのようなものであるか、自分なりに最適化することが求められます。

大人なら、たまごの相場については、ママとスーパーマーケットへ出かけたり、新聞の折り込みチラシを気にしていれば自然と理解できるでしょう。自分の家で普段どのくらいの大きさのたまごを使っているかは、冷蔵庫を観察していれば分かるかもしれません。とにかく家計を預かるママにとって「限られたお金を無駄に浪費すること」が何より嫌なこと。その嫌なことを理解したうえで家族にお使いをしてもらえれば、ママはストレスが溜まることなく、パパも褒められ、家庭円満となっていたことでしょう。

しかしコンピュータ・プログラミングの世界に戻ると、基本的には相手が「大人」であることを期待してはいけません。こちらでの鉄則は、「コンピュータは期待している通りではなく、プログラミングされた通りに動く」です。

勘のいい読者の方なら、本章で筆者が単に「プログラミング」と呼んでいる行為が、コミュニケーションの一様態であることにもうとっくにお気付きでしょう。子供にお使いを頼むのも、パパがママの気持ちを先回りして考えるのも、全てはコミュニケーションの問題なのです。

ものいわぬ機械であるコンピュータとコミュニケーションをとるただ一つの方法、それこそがプログラミングです。ただ、しばしば他人との間で意思疎通がうまくいかないのと同様、プログラミングにもミスが存在することも、これは前提として考えられています。

プログラミング上のミスを、一般には「バグ（虫）」と呼びます。

これは、真空管で動作していた頃のコンピュータの光と熱に引き寄せられた蛾《が》が、回路に挟まっては、しばしば回路をショートさせていたことに由来するといわれています。今では蛾によるミスは無くなったものの、人によるミスは未だ残され、人が作り出すプログラムも同様にミスを生じ続けています。

たとえば、人と人とが会話するときは、こちらの意図が相手に正しく伝わっていることを前提条件として話を進めていきます。しかしプログラミングの世界ではこれは通用しません。本当に意図が伝わっているかどうか、少し進めては確認、また少し進めては確認、という作業が基本となります。

従って「ミスを犯すことを前提としつつ、コミュニケーションの手段について工夫する」ということこそ、プログラミングの鉄則なのです。

プログラミングの鉄則❸　「フールプルーフ」を活用しよう

プログラミングでは、しばしば「フールプルーフ（お馬鹿をしても平気）」という言葉が使われます。これは「そのプログラムを想像し得る限りの最悪な使い方をしても、決してシステムを破壊しえない」といった設計方法のことを指します。

この考え方は、ファストフード店の接客マニュアルなどにも見られます。

強盗の乱入などのイレギュラーな、そして最悪な状況をも想定してマニュアルを作り、その場面を想定した対策を準備しておく。そうやっておくと、実際にその場面に遭遇しても冷静に最善の対応をとることができるようになるのです。

しかしフールプルーフを実現するためには、文字通り「ありとあらゆる事態」を予め想定した指示を作る必要も。これは当然ながら膨大な分量となり、お使い程度ですら、全ての指示を加えるのはかなり難しくなります。ムリに入れるならこんな感じでしょうか。

「杏花ちゃん。1000円を渡すから、スーパーマーケットに行って長ネギを2本買ってきて。もし安かったらバナナもね。そうそう、それと、帰りにコンビニに寄って、新しい週刊少年ジャンプがでてたら買ってきて。ただし、途中でゲリラ豪雨が降ってきたり、ミサイルが飛んできたり、信号無視して走り回る自動車を見かけたら、すぐに買い物をやめてまっすぐ家に帰ってきなさい」

お使いのたびにこんなことをいっていたら、かなりの心配性ですよね。しかも、これだって全てのイレギュラーケースには対応できていません。たとえば途中でトイレに行きたくなったらどうすればいいのか、杏花ちゃんは自分で判断する必要があるでしょう。

ではフールプルーフを実現させるためにはどうすればいいのでしょうか。

プログラミングの場合、「例外処理」というものを付け足すことで対処します。これは「何が起きるかは分からないけれど、とにかく想定外の事象が発生したら、直ちに仕事をやめ、後始末にかかれ」という命令です。

ここで杏花ちゃんの指示に例外処理をつけてみましょう。

「杏花ちゃん。1000円を渡すから、スーパーマーケットに行って長ネギを2本買ってきて。もし安かったらバナナもね。そうそう、それと、帰りにコンビニに寄って、新しい週刊少年ジャンプがでてたら買ってきて。**ただし、途中で何か変なことが起きたり、怖いことがあったら、お使いのことは忘れてすぐにお家へ戻ってきなさい**」

太字がいわゆる例外処理。これで想定しないトラブルに見舞われた場合、杏花ちゃんはお使いを中断し、家に帰ることを優先してくれるはず。子供の場合はここまでいわなくても、怖いと思ったら家に帰ってくる本能が備わっているとは思いますが、コンピュータの場合、はっきりとここまでプログラミングしてあげないと対応できないのです。

プログラミングの鉄則❹　「インデント」や「カラーリング」でメリハリを

しかし先ほどからのお使いの件、期待通りの結果を期待すればするほど、指示が長くなっていくと思いませんか。詳細を伝えようとするとどうしてもくどくなるし、大事なところは何度も繰り返して説明、なんてことになりがちです。しかも受け手の方も文章が長くなればなるほど、理解するのは難しくなることでしょう。

プログラミングの場合、こうしたややこしい論理構造を明快にするためのテクニックがあります。ここで改めて先ほどのお使いの伝言を見てみましょう。

「杏花ちゃん。1000円を渡すから、スーパーマーケットに行って長ネギを2本買ってきて。もし安かったらバナナもね。そうそう、それと、帰りにコンビニに寄って、新しい週刊少年ジャンプがでてたら買ってきて。ただし、途中で何か変なことが起きたり、怖いことがあったら、お使いのことは忘れてすぐにお家へ戻ってきなさい」

表05　インデントを施した伝言

```
杏花ちゃん、
　　1000円を渡すから
　　スーパーマーケットに行って
　　　　長ネギを２本買ってきて。
　　　　それと、もし安かったら
　　　　　　バナナもね。
　　それと、帰りにコンビニに寄って、
　　　　新しい週刊少年ジャンプがでてたら
　　　　　　買ってきて。
ただし、途中で何か変なことが起きたり、怖いことがあったら
　　お使いのことは忘れてすぐにお家へ戻ってきなさい。
```

この伝言の適切な場所に、空白と改行を入れてみましょう［表05］。

こうすると、スーパーマーケットで何をするか、コンビニで何をするかが一目瞭然になりますよね。

これをプログラミングでは「インデント」と呼びます。

適切な箇所にインデントを施していくことで、論理構造を明確にし、迷わずに「プログラムが何を表現しているのか」を理解しやすくなるのです。

しかし、会話調のままでは文章に書き起こしたときに読みにくいので、「命令形」にしてみることでさらに読みやすくなります［表06］。

表06　さらに命令形にした伝言

杏花ちゃん　へ
　　1000円受け取れ
　　スーパーマーケットに行け
　　　　長ネギを2本買え
　　　　もし安かったら
　　　　　　バナナも買え
　　帰りにコンビニに行け
　　　　新しい週刊少年ジャンプがでてたら
　　　　　　買え
ただし、途中で何か変なことが起きたり、怖いことがあったら
　　すぐ家へ帰れ

どうでしょうか。だいぶ簡潔で分かりやすくなりましたよね。簡潔になったことで曖昧な部分もハッキリしました。

ただ先述した通り、「もし安かったら」の「安い」という基準が曖昧で、週刊少年ジャンプの「新しい」の定義も曖昧なままです。

曖昧な指示があると、そのぶんだけ意図しない動きにつながる可能性を残すことになります。もっとより具体的な指示へと変える必要がでてきました。

プログラマーが手を加えることで、論理構造の問題点を分かりやすくするのは、プログラミングの極意の一つ。ではさらに明確にしてみましょう。

表07　具体的で簡潔な指示を施した伝言

杏花ちゃん　へ
　　1000円受け取れ
　　スーパーマーケットに行け
　　　　長ネギを2本買え
　　　　もしバナナが1房200円未満なら
　　　　　　バナナを買え
　　帰りにコンビニに行け
　　　　週刊少年ジャンプの4/15号がでてたら
　　　　　　それを買え
ただし、途中で何か変なことが起きたり、怖いことがあったら
　　すぐ家へ帰れ

曖昧な指示をやめ、具体的で簡潔な指示を加えてみました［表07］。ざっと眺めてみただけでもすぐに指示の内容が読みとれて、ますます分かりやすくなったのではないでしょうか。

ここまで指示が整理されていれば、頼んだ側と頼まれた側の意図に、ズレはほとんど生じないと思います。

特に数字での指示を加えたことで、判断基準が明確に示されるため、受け取った側も混乱を生じにくくなります。混乱を生じにくいということは、それだけそのプログラムの信頼性が高いということ。実際プログラミングする際に、フールプルーフを準備することになったとしても、その分量は極めて少なくなり、その分プログラマーの負担も減らすことができるのです。

表08　カラーリングを施した伝言

杏花ちゃん　へ
　　1000円を受け取れ
　　スーパーマーケットに行け
　　　　長ネギを**2**本買え
　　　　もしバナナが**1**房**200**円未満なら
　　　　　　バナナを買え
　　帰りにコンビニに行け
　　　　週刊少年ジャンプの**4/15**号がでてたら
　　　　　　それを買え
ただし、途中で何か変なことが起きたり、怖いことがあったら
　　すぐ家へ帰れ

さらに同じ文章でも、どれが目的語でどれが数字でどれが命令（指示）なのか一目で分かりやすくするため、色分け、いわゆる「カラーリング」を行うこともあります。

実際には赤や青などの色を使いますが、ここでは、「数字」を太字、「人名」を斜字、「場所」を薄い色網、「商品」を下線、「命令」を濃い色網で分けてみました［表08］。

いかがでしょう。最初の指示にインデントやカラーリングを施すごとに、理解しやすくなることがお分かりになったのではないでしょうか。

プログラムが大規模化、複雑化していくに従って、こうしたテクニックはプログラム全体の性質を見渡すため、そして誤りなく共有化するため、非常に有効な手段となるのです。

プログラムの事例❶「占い」

お使いの例を通じ、プログラミングの基本ルールを理解すると同時に、大事なのは「自分ではない何者かにスムーズに意図を伝え、思い通りに動かす」ということだと理解されたのではないでしょうか。

では次に、プログラムの事例を見ていきましょう。

優れた事例を分析することはプログラミング上達の近道。ということで、これまたプログラミングと縁が無さそうな「占い」をテーマにしてみましょう。実は占いこそが人々が古《いにしえ》から慣れ親しんだ、優れたプログラムなのではないかと私は考えています。

たとえばあなたが占い師だったとして、占ってあげた相手が、占いの結果を全く信用してくれなければ、その占いは大失敗ですよね。

どこで誰が行おうと、出た結果を信頼させる文脈を作れるか。そのために何世代にもわたって洗練され、構築された手順が占いなのであり、これはプログラムとも相通じるところがあります。

表09　簡単な血液型占い

相手がA型なら
「あなたは真面目で几帳面な反面、少々ものごとを真剣に考えすぎるところがあります」と占う
相手がB型なら
「あなたはマイペースで孤独を好むタイプですが、時々寂しくなって甘えたくなる瞬間があります」と占う
相手がO型なら
「あなたは大雑把な性格で面倒見が良く、誰からも好かれますが、時折、相手に鬱陶しいと感じさせてしまいます」と占う
相手がAB型ならば
「あなたは独創的な人物で、他人と群れるのを嫌う一方、常に理解者を探し求めています」と占う

占いには無数の流儀がありますが、簡単な血液型占いについて考えてみましょう。たとえば［表09］の占い結果さえあれば、あなたは立派な占い師となって誰かの性格をいい当てることができるはずです。

どうでしょう。相手は意外と結果を信じてくれたのではないでしょうか。

実はこの表、「誰しもあてはまることを、もっともらしく割り当てる」という、占いの常套手段にのっとって作成してあります。そしてこれこそが、占いプログラムの基本文法なのです。

ただ、この4つの占い結果だけだと説得力に欠けますよね。いつでも、誰でも同じような結果が出ることにお客さんが不審を抱いてもおかしくはありません。

そこで占いをより複雑で説得力があるように見せかけるため、血液型だけでなく、さらに他の要素と組み合わせて、占いの結果を細分化する方法が有効となります。

たとえば血液型占いなら、占った日付や年度、お客さんの誕生日などの特徴も加えることで、結果に細分化を施せば、お客さんにとっては「自分だけの占い結果」のように受け取れて、強い説得力が得られるでしょう。さらに勤め先などのパーソナルデータ、月の満ち欠けや季節の変動などの環境的な要素まで混ぜれば、よりリアリティを感じられるはずです。

そこで次に、私がお気に入りの「タロット占い」をご紹介させてください。私はプログラムで占いを再現するため、実は占い師からタロットを習ったことがあるのです。

タロットカードは、22枚の大アルカナと4種のスート（マーク）ごとに1～13までの数字が振られた56枚の小アルカナ、合計78枚で構成されています。

大アルカナには、死神や皇帝、愚者や恋人などの絵が描かれ、小アルカナは、コイン、剣、バトン、カップの4つのスートと数字の組み合わせとなっていて、それぞれのカードには独立して意味が与えられています。

タロットは、向きによって、正位置と逆位置があり、逆位置では同じカードでも意味が反転します。たとえば、死神の正位置は「停止、損失」で、その逆位置は「死からの再生、やり直し」など。タロット占いにもいろいろなやり方がありますが、22枚の大アルカナだけを使った占いが簡単。

大アルカナの意味の一例を以下のテーブル［表10］に示しますので、表の手順を参照して、身近な方を占ってみてください。これは私が師匠から教わった、一番簡単な方法です。

手順だけ見るととてもシンプルで、これでは誰も信じてくれないのでは、と感じるかもしれません。しかしこれこそ何百年にもわたって洗練されたことで完成した手法。実際に目の前で占うと「まさに私のことだ！」などと、たいていの人なら結果が自分の運勢であることに疑問を持たず、大騒ぎしてくれるはず。

では、いったいどこにその秘密があるのか。それは、手順の中に「自分の事と認識してしまう」心理的なテクニックが隠されていることにあります。

たとえば、最初に相手の年齢ぶんだけカードを反時計回りに交ぜてもらうという手順。普通の人は、年齢や誕生月は「自分に関係がある特別な数」であると常日頃から考えています。そのうえで、占い師と相手の年齢差を使うことで「占い師と自分との間にある特別な数だけ交ぜた」という感覚を生み出すことに成功しています。

0	大アルカナ、「愚者」から「世界」までの22枚を用意
1	カードを全て伏せ、切った後で、まんべんなくひろげる
2	占う相手の年齢のぶんだけカードを反時計回りに交ぜてもらう。このとき、占いたいことを頭に思い浮かべ、交ぜてもらう
3	あなたが相手とあなたの年齢の差の数だけ、時計回りに交ぜる。このとき、念を込め（たふうに）交ぜること
4	交ぜ終わったカードを整え、あなたが一番上のカードを引き、中央に出す。このとき、カードは横からひっくり返すこと。上下方向にひっくり返すと意味が変わってしまうので注意
5	中央のカードは相手の「現在」を象徴していることを説明。ちなみに相手から見たカードの位置が、そのカードの向き。正位置ならこの意味、逆位置ならこの意味、と左頁のテーブルから説明すること
6	「現在」の結果に対して「何か思い当たること」を聞く
7	もう1枚あなたがカードを引き、相手から向かって左手前側に置く。これは「過去」を象徴していて、正位置、逆位置に応じて、こちらもテーブルから説明
8	この結果について「思い当たること」を確認する
9	あなたはさらにもう1枚のカードを引き、これをお客さんから向かって右手前側に置く。これは「未来」を象徴するカードだと説明し、またその位置に応じてテーブルから結果を説明
10	ここでも感想を聞く
11	最後のカードだけお客さんに引いてもらい、それが「これまでの三つのカードの関係を意味するカード」であることを教え、三つのカードの中央に置く
12	これまで相手と話した内容をもとに、過去、現在、未来について、アドバイスを与える

表10　大アルカナだけを使ったタロット占い

番号	名称	正位置	逆位置
0	愚者	冒険、無知	軽率、愚考
I	魔術師	創造、手腕	臆病、詐欺
II	女教皇	知識、聡明	残酷、身勝手
III	女帝	豊穣、母性	過剰、虚栄
IV	皇帝	責任、父性	傲慢、尊大
V	教皇	教え、寛大	狭量、怠惰
VI	恋人	恋愛、快楽	嫉妬、裏切り
VII	戦車	前進、勝利	暴走、挫折
VIII	力	力、勇気	本性、自惚れ
IX	隠者	探索、思慮深さ	陰湿、閉鎖的、貪欲
X	運命の輪	チャンス、 一時的な幸運	誤算、不運
XI	正義	バランス、正当	偏見、不正
XII	吊された男	自己犠牲、忍耐	無意味な犠牲、盲目
XIII	死神	停止、損失	死からの再生、 やり直し
XIV	節制	調和、堅実	浪費、不安定
XV	悪魔	邪心、束縛、堕落	悪循環からの目覚め
XVI	塔	破壊、破滅	必要とされる破壊
XVII	星	希望、憧れ	幻滅、悲哀
XVIII	月	不安、曖昧、混沌	不安の解消、明瞭、 混沌の終わり
XIX	太陽	輝く未来、満足	延期、失敗
XX	審判	復活、改善	再起不能、後悔
XXI	世界	完成、完全	未完成、中途半端

そして極めつきは最後のカードだけ相手に直接引いてもらう手順。

これで相手は「自分も占いに参加した」という意識を否応なく持たされます。また、この手順で「占い師vs相手」という構図から「カードvs相手（&占い師）」という構図に変えることに成功し、「占い師でなく、神聖な何かが導き出した結果」と意識させているのです。

プログラミングとは、元来、自分のいないところで、別の何者かを思い描いた通りに動かす技術。たとえば法律や宗教的拘束は、それを誰が考えたのか、誰がそうさせているのかを意識させることなく、人々も暗黙的に従っています。その原初の形態が、古代世界で為政者の意思決定を行っていた「占術」だといえます。

錯覚を与え、心理誘導する「手順（プログラム）」が人々をコントロールすることは、タロット占いにもよく表れています。他人を納得させるため、もしくは人を思惑通りにコントロールするため、数千年もの昔から今日まで手順が更新され続けている占いは、まさにプログラミング。占った相手を思ったままに誘導すべく、加えたり、省いたりしながら、占いというプログラムは今日も磨かれています。

プログラムの事例❷「ゲーム」

占いという、コンピュータと遠くて近いような事例を紹介しましたが、最後に、コンピュータと縁が深そうな「ゲームプログラム」を見ていきましょう。

ゲームマスター（プログラマー）が作ったルールにのっとり、プレイヤーが設定したクエストに挑戦していく。プログラミングの真骨頂が、ゲームだといえます。

そして実はこのゲームの考え方はコンピュータを使っても、もしくは使わずとも、仕組みは一緒です。ここではまず、コンピュータを使わないゲームを分析してみましょう。

たとえば、[表11]は「鬼ごっこ」というゲームのプログラム。コンピュータを使わないし、作るのも理解するのも難しくありませんが、立派な「ゲーム」です。

保育園の保育士さんたちは、こういうゲームのプログラミングをすることを常日頃から仕事にしているといえるでしょう。子供たちが好きなアニメや絵本を内容にとり入れ、運動会やお遊戯会といったものをプログラミングしている、立派なプログラマーです。

さて、この例で気付いた方もいらっしゃるかもしれませんが、ゲームプログラムとは、「ルール」そのもの。プレイヤーたちがルールに沿って遊ぶことこそ、広い意味でのゲーム

表11　鬼ごっこ

0	三人以上のプレイヤーを集める
1	ジャンケンして、一人を絞る。 絞られた一人が最初の「鬼」になる
2	鬼以外のプレイヤーは、鬼から逃げる
3	鬼はその場で10まで数え、終わったら逃げたプレイヤーを探しに行く
4	鬼はプレイヤーにタッチすれば、鬼を交替することができる

表12　サイコロ投げ

0	プレイヤーを二人以上集め、サイコロを一つと配当を用意する
1	プレイヤーはサイコロを振って出た目が、偶数になるか奇数になるかを賭ける
2	プレイヤーの一人がサイコロを振る
3	サイコロの出た目によって、プレイヤーたちが配当を分配する

なのです。

　さらにゲームの事例として、「サイコロ投げ」を分析してみましょう。ただ、［表12］のやり方だけではすぐに飽きてしまいますよね。想定される目がたったの6パターンではドキドキ感が足りないのかもしれません。

　そういえば時代劇などで見かける「丁半博打《ばくち》」、あれは二つのサイコロを使っています。

　合計の数字が偶数なら

「丁」、奇数なら「半」、予めそのどちらかに賭ける、というルールですが、サイコロが二つになると、その結果は21パターンに広がります。

これが盛り上がる理由は、いつ、どのようにサイコロを振ろうと偶数・奇数の出目は同じ確率のはずなのに、たとえば「1－1」「3－3」「1－5」と丁が続いたら、「そろそろ半が出るのではないか？」と勝手に期待してしまうところ。

先ほど記した占いを信じる心理誘導と近しいもので、これを利用すれば、サイコロだけでもとても面白いゲームを作ることができます。それがよく分かるサイコロを六つ使うゲーム、「GREED」を紹介しましょう［表13］。

地域などによって進め方は多少異なりますが、ルールに工夫を施すことで、逆転するか、全てを失うか、手に汗握るスリルを演出しています。

その楽しさを伝えるには実際に遊んでもらうのが一番なので、太郎君、花子さん、二郎君の3人に登場してもらいます。これで具体的に、どこで盛り上がるのかも見てとれるのではないでしょうか。

そしてゲームマスターから見れば、これこそがルール設定の妙。少しの工夫で大きな結果をもたらすという、プログラミングの醍醐味の一つでもあります。

表13 GREED

0	プレイヤーを2人以上集めます。理想は6〜10人。サイコロ6個と、点数をメモする紙、そしてペンを用意します
1	それぞれのプレイヤーは、0点からスタート。順番に1人ずつ、以下のようにサイコロを振ります
1–1	6個のサイコロを振り、役があるかを確かめます。役は以下の通りで、振った目に含まれていれば、それが得点になります ▪ 5が含まれている場合　50点 ▪ 6が含まれている場合　100点 ▪ 111が出た場合　100点 ▪ 222が出た場合　200点 ▪ 333が出た場合　300点 ▪ 444が出た場合　400点 ▪ 555が出た場合　500点 ▪ 5555が出た場合　1000点 ▪ 6つ全て同じ目が出た場合　5000点 ▪ 123456が出た場合　1000点
1–2	合計が300点以上に達していれば、その点数で確定して自分の番を終えるか、もう一度サイコロを振るか、プレイヤーが選ぶことができます
1–3	もう一度振る場合、役となったサイコロは除外。残ったものだけを振ります
1–4	振った目の中に役が含まれていない場合には、それまでの点数を全て失い、次のプレイヤーに交代
1–5	全てのサイコロが役として確定したら（振り切ったら）、1–1に戻り、再びサイコロを6個振らないといけません
2	**1**の過程を全てのプレイヤーが順に行います。これを繰り返し、最初に5000点に達したプレイヤーの勝利です

太郎「みんな最初は持ち点0からスタートだぞ」
花子「分かってます」
二郎「早くサイコロ振れって」

太郎君が最初に振った結果　**1 1 3 5 2 2**
→　確定した役　**5（50点）**

太郎「あらら。5しか役がないから、これでは50点だ」
花子「300点超えるまでは振り続けなきゃいけないのよね？」
太郎「そう。5は確定ということで、残り5個を振るぞ」

太郎君が2回目に振った結果　**1 1 1 2 3**
→　確定した役　**111（100点）**
〈累計点数〉　5（50点）＋111（100点）＝**150点**

太郎「やった！　1が三つの役！　100点だ」
二郎「ふん、ずいぶん安い役で喜ぶんだな」
太郎「まだ残り2個サイコロがあるからそれで十分だよ」

太郎君が3回目に振った結果　**5 6**
→　確定した役　**5（50点）　6（100点）**
〈累計点数〉　5（50点）＋111（100点）＋5（50点）＋
6（100点）＝**300点**

太郎「お、今回は50点と100点で計150点」
花子「全部振り切った場合は、またサイコロ6個にして振らなければならないのね」
太郎「どこで降りるかがポイントになるゲームというわけ。次はどうかな」

太郎君が4回目に振った結果　**1 1 2 3 6 6**
→　**6（100点）　6（100点）**
〈累計点数〉　5（50点）＋111（100点）＋5（50点）＋
6（100点）＋6（100点）＋6（100点）＝**500点**

太郎「今回は200点か。でも僕はここで降ります！」

太郎の総合計　500点

花子「次は私の番ね。それっ！」

花子さんが最初に振った結果　**１２３４５６**
　→　確定した役　**123456（1000点）**

太郎・二郎「うわっ」
花子「やった！　一気に1000点」
太郎「この場合は6個振り切っているから、もう1回振ることになるね。せっかくの大きな役が無くならなければいいけど」
花子「こういうときこそ思い切りが大事よ。それっ！」

花子さんが2回目に振った結果　**２２３５１１**
　→　確定した役　**5（50点）**
〈累計点数〉　123456（1000点）＋5（50点）＝**1050点**

太郎「今回の役は5だけだね」
花子「石橋を叩いて渡る私は、ここで降ります」

花子の総合計　1050点

二郎「さて、やっと僕の番だな。どれどれ」

二郎君が最初に振った結果　**３３３３３３**
　→　確定した役　**333333（5000点）**

太郎「おお、これは凄いな」
二郎「いきなり逆転だぞ」
花子「ああ、短い天下だったわ」
太郎「まてまて。全部振り切ってるから、もう1回だぞ」
二郎「どっちにしても僕の勝ちは決まったようなものさ。それっ！」

振った結果　**１１２３３４**
　→　確定した役　無し
〈累計点数〉　**0点**

太郎「これは」
花子「もしかして」
二郎「まさかの役無し。0点からやりなおしか……」
太郎「よーし、まだオレにもチャンスがあるぞ、一発逆転だ！」
花子「私だって負けないわ」
二郎「トホホ、儚い夢だった」

二郎の総合計　0点

太郎の番がつづく……

COLUMN
コンピュータの誕生と進化 2

戦争とコンピュータ

コンピュータの進歩を加速させた第二次世界大戦

私たちが普段目にするような電気駆動のコンピュータの直接的な祖先が生まれたのは、第二次世界大戦時のこと。

当時のイギリスは、ドイツの潜水艦（Uボート）による神出鬼没の攻撃に悩まされていました。通信を傍受しても、ドイツは機械式暗号機「エニグマ」によるコード（暗号文）を用いており、それを解かない限り、潜水艦がどこに出現するのかが分かりません。

エニグマの初期型はポーランド暗号局の手によって何とか手動で解読されましたが、それを知ったドイツはエニグマを強化。結果、毎秒1000通り調べたとして、解析には30億年かかる計算にまでなりました。事態を重く見たイギリスは政府暗号学校に1万人にも及ぶ学者やそのたまごを集め、解読に取り組みます。しかし残念ながらその力をもってしても、次の攻撃に間に合う速度での解読は不可能に思われました。

エニグマコードが解読されなかったなら、ドイツは少なくともイギリスには勝利していたかもしれません。Uボートの圧倒的な強さが存続していれば、制海権を奪われることはなく、連合国軍のノルマンディー上陸作戦も失敗していたことでしょう。

しかし、運命というのは分からないもの。パリを陥落し、この世の春を謳歌していたはずのヒトラーの不運は、イギリスに潜む不世出の天才を敵に回してしまったことにあります。

その名はアラン・チューリング。１９１２年生まれ、当時まだ20代の数学者でした。

彼は「人力に頼らず、機械で自動的に解読する」アイデアを思いつき、無数の暗号配列から、正しい配列をわずかな時間で見つけ出す「Bombe（ボンベ）」を開発。そしてこの Bombe を中心に解読が進んだ結果、暗号はイギリスに筒抜けとなり、先のUボートも次々に沈没させられることになります。高性能の機械によって破竹の勢いを見せていたドイツでしたが、それを上回る機械が開発されたことで、その崩壊も急速に進んだのです。

チューリングの活躍は非常に英雄的なものだったのですが、戦時下の業績は多くが機密扱いになっていたため、その活躍を知るものはごく少数でした。チューリング自身も功績の一切を家族にすら知らせることができず、戦後、同性愛の罪で投獄されたときに擁護する者もほとんどいなかったそうです。

逮捕から2年後、チューリングは自宅で青酸化合物入りの林檎《りんご》を食べて自殺したところを発見されます。41歳の若さでした。

コンピュータの原型、チューリング・マシン

チューリングはBombeを作る少し前に「計算可能数、ならびにそのヒルベルトの決定問題への応用」という論文を発表していました。

この論文の重要な意義、それは架空の「チューリング・マシン」を用いることで、問題を解決する手順（アルゴリズム）をモデル化することに初めて成功した点にあります。

チューリング・マシンは区間ごとに情報を載せることができる1本のテープと、内部に設定を記憶する装置を備えた機械、この二つで構成されています。機械はテープ上を自由に移動することができ、テープから情報を読み、同時に書き換えることができると仮定されていました。非常にシンプルですが、コンピュータに要求される計算機能の全てを備えており、これこそが今日一般にコンピュータと呼ぶものの、まさに原型なのです。

しかし先述した通り、チューリングは第二次世界大戦の英雄にもかかわらず、死後も含めてその扱いは不当といわれても仕方のないものでした。そこで2009年、有志による名誉回復運動が起き、当時の首相ゴードン・ブラウンは政府として公式な謝罪を行います。その後2013年

には、エリザベス女王2世の名をもって正式に恩赦が出されました。

今ではイギリスのあちこちの大学に、その業績を讃える胸像や施設が作られています。エディンバラ大学には「チューリング・ルーム」と呼ばれる部屋があり、マンチェスター大学、オックスフォード・ブルックス大学などにはチューリングの名を冠した建物が建てられています。12年にはチューリングの記念切手が発行。19年には新しい50ポンド紙幣の絵柄としてその肖像が採用されることが決まりました。

世界で最も権威あるコンピュータ科学の学会、アメリカ計算機学会（ACM）。そこで授与される最高位の表彰には「チューリング賞」という名称がつけられています。これはコンピュータの世界で最も栄誉あるものであり、業界のノーベル賞とまでいわれています。

チューリングはまた、近代コンピュータの発明以前に、コンピュータそのものの理論的限界も示し、これは「停止性問題」として広く知られています。いずれにせよ、チューリングによって近代コンピュータはその萌芽を迎えたのです。

プログラム内蔵式コンピュータの登場

映画「博士の異常な愛情（Dr. Strangelove）」（監督：スタンリー・キューブリック）をご存じ

でしょうか？　冷戦を背景にした核戦争をテーマにしたコメディですが、登場するマッドサイエンティスト、Dr. Strangelove にはモデルがいるといわれています。それが水素爆弾の発明者の一人、ハンガリー系ユダヤ人のジョン・フォン・ノイマン。

１９０３年に生まれたノイマンは、当時、最年少でベルリン大学の講師となった天才数学者でした。しかしナチス政権が台頭すると、アメリカへ移住。アインシュタインらとともにプリンストン大学、その後プリンストン高等研究所へ招かれます。若くして教授となったノイマンは、水素爆弾開発のほか、経済、物理、気象、数学の分野でも活躍。戦後はゼネラルモーターズの副社長を務めたビジネスマンでもありました。

現在、ノイマンの名を高名にしているのは、プログラム内蔵式コンピュータ発明者の一人とされていること。チューリング・マシンが近代コンピュータの理論的祖先であるとすれば、プログラム内蔵式コンピュータは実質的祖先といえるでしょう。

さて話は変わり、アメリカ軍の要請のもと、46年にペンシルバニア大学で電子式コンピュータ、「ENIAC（エニアック）」が完成します。開発したのは、ジョン・モークリーとジョン・エッカートという二人の科学者でした。

ENIAC は十進法を採用しており（現在の主流は二進法）、プログラムを変えるには、回路を人力で物理的に組み替えるという、かなり荒っぽい手順をとる必要がありました。そこで彼らが次に開発を目指したのが、電子的にプログラムを内蔵するタイプのコンピュータ「EDVAC（エドバック）」で、これが現在のコンピュータの実質的祖先となったのです。

しかし途中からEDVAC開発に関わることになったノイマンがプログラム内蔵式に着目し、論理的裏付けを加えた報告書を自分の名前で発表。結果的にそちらが知られることとなり、プログラム内蔵式は「ノイマン型コンピュータ」と呼ばれることに。

ノイマンに手柄を横取りされたかたちとなったため、開発途中でエッカートとモークリーは訴訟を起こします。その裁判の間に、ケンブリッジ大学がプログラム内蔵式コンピュータ「EDSAC（エドサック）」を先に完成してしまうなど、ドタバタは続きますが、結果的に二人の名前は歴史の裏舞台にひっそりと残るのみ。一方、コンピュータに限らず数々の輝かしい業績を飾ったノイマンは、今もその名前をいろいろなところに残しています。

Chapter 3

今すぐ役立つ
プログラミングテクニック

——プログラマーの思考法を知ろう

本章ではさらに核心へ、具体的なプログラミングテクニックを学んでいきましょう。

先ほどの章が読解力を増してもらうための内容だったとすれば、こちらの章は単語や構文を覚えるための章とでもいえばよいかもしれません。具体的なそれぞれのテクニックがプログラム上では何を意味するか、ということを解説するとともに、実生活に置き換えた場合、何に役立つかを検討していこうと思います。

「まだコンピュータを使わないの？」と思われるかもしれませんが、そこは我慢。この章の内容を理解すれば、それだけでプログラマーの思考法を身に付けることができるといっても過言ではありません。

しっかり読んで、今すぐ役立ててみてください。

アルゴリズム

効率的な作業手順を「形」にする

プログラマー的な思考法の基本中の基本、それはアルゴリズム。アルゴリズムの意味を簡単に説明すると、ある問題を解くための手順を、誰でも確実にこなせるよう、一つの「形」に整理したもののことを指します。

アルゴリズムという言葉は、9世紀に中東で活躍した数学者、アル＝フワーリズミーの名前に由来しているといわれます。

しかし、アルゴリズムそのものの歴史はより古く、紀元前3世紀にエジプトのアレクサンドリアで書かれたという、エウクレイデス（ユークリッドとも呼ばれる）の『原論』という書物にすでに登場していました。

古代ギリシャ時代に書かれたこの世界最古のアルゴリズムは、「ユークリッドの互除法」という、二つの整数の最大公約数を求めるための方法を記したもの。

詳しく解説します。

二つの自然数 a, b（a≧b）があるとき、a を b で割ったときの余りを a1 とします。次に

bをa1で割り、その余りはb1としてください。さらにa1をb1で割り、余りをa2とする……と、この作業を続けると、a≧b＞a1＞b1＞a2＞b2＞……と数字が定まっていき、最終的には0に。そしてそのすぐ前の自然数がaとbの最大公約数になるという、どの二つの数字の組み合わせでも、必ず最大公約数を導き出せる凄い方法です。

実際に数字を当てはめてみると分かりやすいかもしれません。たとえば119と85の最大公約数を求めてみると、

①119÷85＝1　余り34
②85÷34＝2　余り17
③34÷17＝2　余り0

3回目の割り算で、余りが0になりましたので、最大公約数はそのすぐ前に位置する自然数の17となります。どうでしょう、皆さんも同じ結果になりましたでしょうか。

手順のそれぞれは、非常に単純な作業の繰り返しでも、全体として見れば、二つの数の最大公約数を求めるという、高度なことが誰でも実現できる。この点がアルゴリズムの凄いと

ころ。そして、こうしたアルゴリズムをプログラムの適所に組み込むことで、プログラマーの求める結果に必ずたどり着けるよう導くのが、プログラミングの極意です。

古代ギリシャには電子計算機は存在しませんから、このアルゴリズムは人が計算するために使われていたことでしょう。これまで多くのアルゴリズムが発明されていますが、それがプログラムの中で、本当の意味で威力を発揮するようになったのは、電子計算機が発明された後でした。

実社会での応用

あなたが毎日何気なくこなしている作業をアルゴリズム化することで、誰でもその作業が行えるようになり、第三者にお願いするなどの簡略化が図れたり、または知識や技術の共有化が図れるかもしれません。

処理、分岐、ループ

プログラムの基礎パーツ

プログラムの基礎パーツ、それは処理と分岐、そしてループです。この三つの組み合わせで全てのプログラムは構成され、あらゆるプログラミング言語にこの要素が含まれます。従ってプログラマーの頭の中では、あらゆる作業がこの三つの組み合わせからイメージされているといえるでしょう。どのようなものか、順に説明します。

［処理］ 作業そのもの。ある処理は、また別の処理の組み合わせでできていることもあります。処理をどんどん分解していくと、最後は「チューリング・マシン（コラム２）」の考え方に行き着きます。

［分岐］ 「条件分岐」とも呼びます。分岐とは、ある条件を満たしたときに処理の流れを変えること。お使いの例で出てきた「バナナが安かったら」というのは、まさに分岐にあたります。

［ループ］　繰り返しのこと。条件分岐の一種ですが、近年のプログラミング言語では、ループは特別な構文として考えられているのが普通です。

具体的に見ていきます。たとえばあなたが学校の先生だったとして、「点数に応じた答案の選り分け作業」をする場合、日本語ベースでのプログラムとしては次のようになるでしょう。

［処理］　採点された答案用紙を受け取り、70点未満の答案を選り分ける

一つに見える処理ですが、分解すれば、「受け取る」や「選り分ける」という複数の処理の組み合わせで成り立っています。

このようにあるものを分解すると、また似たような要素から成る、別のものが出てくる構造を「階層構造」と呼びます。コンピュータでいう「フォルダ」と「ファイル」の関係をイメージしていただけると分かりやすいかもしれません。

表14　点数に応じた答案の選り分け作業

- **[処理]** 採点された答案用紙を受け取り、70点未満の答案を選り分ける
  - **[ループ]** 全ての答案用紙について以下の作業を繰り返す
    - **[処理]** 答案用紙を手にとる
    - **[処理]** 答案用紙の点数を確認する
      - **[分岐]** 答案用紙の点数が70点未満なら、答案用紙をAの箱へ
それ以上なら、Bの箱へ

この選り分け作業を分析すれば［表14］のように、あまりにも分かりきったものばかり。しかしプログラミングというのは、まさにこの「分かりきったこと」を明文化していく作業にほかならないのです。

なお、こういった処理のまとまりを「ルーチン」または「プロシージャ（手続き）」と呼びます。決まりきった作業を繰り返すことを「ルーチンワーク」と呼びますよね。プログラミングとは、大雑把にいえばこの「ルーチン」を定義していくことなのです。

実社会での応用

一つに見える処理でも、この3種の基礎パーツに着目していくつかの要素に分けることで、必要な時間が想定しやすくなり、段取りもよくなるでしょう。

ルーチンと関数

繰り返すだけなら、省いて表現

決まりきった作業を指す「ルーチン」には大きく分けて2種類あります。「メインルーチン」と「サブルーチン」です。

メインルーチンは、プログラムに一つしかない、処理全体の流れを決める部分で、サブルーチンはメインルーチンから呼び出される処理の、個別の部分を指します。サブルーチンからさらに別のサブルーチンを呼び出すこともありますが、ともかく、プログラムは一つのメインルーチンとたくさんのサブルーチンによって構成されているのがその基本構造になっています。

Jポップなどの歌詞をここで考えてみると、よく（＊繰り返し）といった表現を入れることで、サビの繰り返しなどを簡略化して表現していることを目にすると思います。ここでの（＊繰り返し）という表現が、プログラミングで言うルーチンです。

ここで一つ分かりやすい例として、有名なイギリス民謡の「ロンドン橋」、その1・2番の歌詞を分析してみましょう。

ロンドン橋が　落ちる　落ちる　落ちる
ロンドン橋が　落ちる　さあどうしましょう

鉄の棒で　かけろ　かけろ　かけろ
鉄の棒で　かけろ　さあどうしましょう

（イギリス民謡『ロンドン橋』より・訳詩 高田三九三）

この歌詞をプログラムとして見ると、全体がメインルーチンで、「落ちる」や「かけろ」はサブルーチンとなっています。ただ、先ほどの（＊繰り返し）の表現だけでは、こうした微妙に違うフレーズの繰り返しはうまく表すことができません。

プログラミングの場合、「関数」という考え方を用いることで、これを表現することが可能となります。関数とは、あるサブルーチンに対し、若干違った動きをさせたいときに、引数（サブルーチンなどを呼び出すために用いる値）を与え、異なる動作をさせるための仕組みのこと。

たとえば次の例を考えてみてください。

関数X（フレーズA，フレーズB）｛フレーズA　フレーズB　フレーズB　フレーズB｝

このプログラムにおける関数Xは、「フレーズAとフレーズBの二つを受け取ったなら、フレーズAは1回、フレーズBについては3回繰り返す」というサブルーチンを表しています。

この関数を使い、先ほどのロンドン橋の歌詞を書き換えると

関数X（ロンドン橋が，落ちる）
ロンドン橋が　落ちる　さあどうしましょう
関数X（鉄の棒で，かけろ）
鉄の棒で　かけろ　さあどうしましょう

関数Xが何を意味するかさえ分かれば、繰り返しの箇所を省略することができますよね。

ある作業を繰り返す、ということは現実でもよくあること。しかし関数のように、ある作業に新しい意味を与え、そのうえで繰り返し使う、という手順はプログラム以外ではなかなか目にすることはありません。

そしてこれこそがプログラミングテクニックの神髄の一つであり、さまざまな作業をいくつかの関数で整理していくことで、全体の構造をすっきりさせ、能率を格段に上げることができるのです。

なお、サブルーチンや関数などをひとまとめにしたもの、これをプログラミングでは「ライブラリ」と呼びます。

たとえば「並べ替え」や「検索」など、頻繁に使うアルゴリズムは多くの場合、ライブラリとして管理し、プログラム上で使いまわします。こうすることで同じことを何度も記載する必要が無くなるため、ライブラリの活用や設計が全体の生産性を左右する決定的な要素となるのです。

実社会での応用

作業手順書を作る場合などには、ルーチンや関数の考え方を意識して進めるとよいかもしれません。

たとえば接客業での「挨拶」、特に「礼」など、頻繁に行う手順については予め別項目として作っておけば、手順書上で「ここでの礼の方法については○○ページ参照」などと省略できるはず。

引数を渡す、という関数型のルーチンを書き起こすと、結果的に複雑になりがちですが、たとえば「二人のお客様に応対する場合」などのルーチンを作ることで、記述は簡潔になります。

ハイパーリンク
別の情報にワープする

関数とともにプログラミングに用いられる道具として、次に「ハイパーリンク」を紹介しましょう。

ハイパーリンクは、「アンカー」と「ジャンプ先」という二つの要素から構成されたもので、あるアンカーが選ばれたなら、指定のジャンプ先に飛ぶ、という役割を持っています。

実はプログラミングではさほど用いられるものではないのですが、ハイパーリンクは私たちにとって、とても身近な存在です。

たとえば広告バナーなどが貼り巡らされたWebページ、あれこそがハイパーリンクの固まり。そしてバナーはアンカーの一種です。「誤ってバナーをクリックしたため、意図していないページに飛んだ」なんて経験、皆さんもあるのでは。

そしてコンピュータの世界の外にも、ハイパーリンクはあちこちに見られます。たとえば「本の目次」。

説明するまでもないですが、「はじめに」や「第一章」の後に続く「4ページ」「10ページ」などの記述は、それぞれの章が始まるページ数を意味します。プログラミング的にいうなら、「はじめに」がアンカー、「4ページ」がジャンプ先といったところでしょう。

本の中でハイパーリンクが使われる場所は、目次だけでなく、「○○については52ページ参照」などと本文でもしばしば見られます。選択肢に応じてアンカーを選び、ジャンプ先で話が分岐する「ゲームブック」が、かつて大流行したのを覚えていらっしゃる方も多いのではないでしょうか。

実社会での応用

営業先に渡すプレゼンテーションシートで、最後に見せる「提案策」をいくつか用意しておき、議論の展開に応じてハイパーリンクを用い、状況に応じた「提案策」だけを見せる……などというのはいかが？

ハッシュ＋テーブル

名簿の管理を効率的に

結婚式やちょっとした会費制のパーティなどであなたが受付を担当することになったとします。受付に人が来たとき、出席の申し込みを受けているかどうか、普通は名簿を見て確認しますよね。たとえば、以下のような名簿があったとします。

飛鳥太郎　伊藤紀之　遠藤賢　遠藤肇　緒方初恵　鏑木仁美　城島誠　小林美希
佐藤亜弓　佐藤大貴　佐藤裕紀　鈴木紗英　鈴木三郎　瀬藤啓介　……　和田記一

これでは一度に何人も来たときなど、名簿のあっちを探し、こっちを探しと、確認作業にやや手間取ることになりそうです。出席者が数百名になるようなときなどは、名簿はどのように用意しておけば効率的になるのでしょうか？

すぐに思いつくのは、あいうえお順に名前をならべ、それぞれの音の始まる場所に目印をつけること。

あ　飛鳥太郎　い　伊藤紀之　え　遠藤賢　遠藤肇　お　緒方初恵　か　鏑木仁美
き　城島誠　こ　小林美希　さ　佐藤亜弓　佐藤大貴　佐藤裕紀
す　鈴木紗英　鈴木三郎　せ　瀬藤啓介　……　わ　和田記一

これなら、たとえば「小林さん」が来ても、すぐに名前を見つけることができそうです。

さてこのテクニック、プログラミングの世界では「ハッシュ＋テーブル」と呼びます。「ハッシュ」を簡単にいうと、あるデータが持つ特徴を表す、さらに別のデータのことをいい、この場合でいえば、名字の最初にくる「読み仮名」を指します。そして「テーブル」とは、表のこと。この場合は名簿そのものを指します。

さらに一連のデータからハッシュを作り出す操作、このことを「ハッシュ関数」と呼びます。たとえば、先ほどの名簿でのハッシュ関数は、

飛鳥太郎　↓　あ
（データ）　（ハッシュ）

となったわけです。

しかし名簿によっては、この単純なハッシュ関数ではうまく整理できない場合もあります。聞いた話ですが、新潟県には「星」さん、もしくは「星野」さんという苗字の生徒がクラスの7割、といった地域があるそうです。その地方の親戚が多く出席する結婚式となれば、最初の一文字をハッシュにする方法ではうまく対応できそうにありませんよね。

その場合、ハッシュの作り方を工夫すればよいのです。実際にあなたが「星」さんと「星野」さんばかりの結婚式の受付を担当することになったとしましょう。

ほ　星昭夫　星小百合　星二郎　星宗一郎　星野江梨子　星野修　星野勘兵衛
星野貴理子　星野小次郎　……

やはりこれではハッシュの「ほ」は意味を成しません。そこでひと工夫。

苗字の最初の一文字と、さらに下の名前の最初の一文字、ともにハッシュにする関数を想定してみます。つまり、

飛鳥太郎　↓　あ－た
（データ）　（ハッシュ）

とするハッシュ関数を使うのです。これで先ほどの名簿を書き換えてみると、以下のようになります。

ほ－あ　星昭夫　ほ－え　星野江梨子　ほ－お　星野修　ほ－か　星野勘兵衛
ほ－き　星野貴理子　ほ－こ　星野小次郎　ほ－さ　星小百合　ほ－じ　星二郎
ほ－そ　星宗一郎……

これでかなり探しやすくなりました。
このように、与えられたデータの集合に対し、ハッシュ関数を適切なものに工夫していくことで、情報を探す手間は大幅に削減できます。

実社会での応用

これはいわずもがな、名簿を使うものなら全般的に活用できるはず。それこそ結婚式で、手際よく受付をこなすその様子に、新郎新婦をお祝いしつつ、新しい出会いも期待して参加した男性・女性の出席者から熱い視線が注がれることでしょう。

計算テーブル　考える手間と時間を、劇的に短縮

予め、ある計算の結果を表にしたものを「計算テーブル」と呼びます。

計算テーブルの例としては、高校、もしくは中学校の数学などで、正弦（sin）や余弦（cos）とともに学んだ「三角関数表」が該当するでしょう。

三角関数の場合、その角度によって値が非常に細かく変わるので、いちいち計算するのは面倒。そこで数学では、三角関数表と呼ぶ計算テーブルに予め計算結果を格納し、必要に応じてそれを参照する、という考え方をとっています。

計算テーブルさえあれば細かい計算をする必要が無くなるので、圧倒的に手間と時間の短縮ができる。これはプログラマーにとって極めて重要な手法です。

さて、話題は変わり新宿の「思い出横町」という飲み屋街にある、やきとんの名店「ささもと」。こちらではこの計算テーブルの仕組みを利用し、上手に会計を処理しています。

ささもとは人気店。ひっきりなしにお客さんが来るので、全ての注文を紙の伝票に書くのは大変です。そこでご主人は、伝票という仕組みそのものを無くしてしまいました。

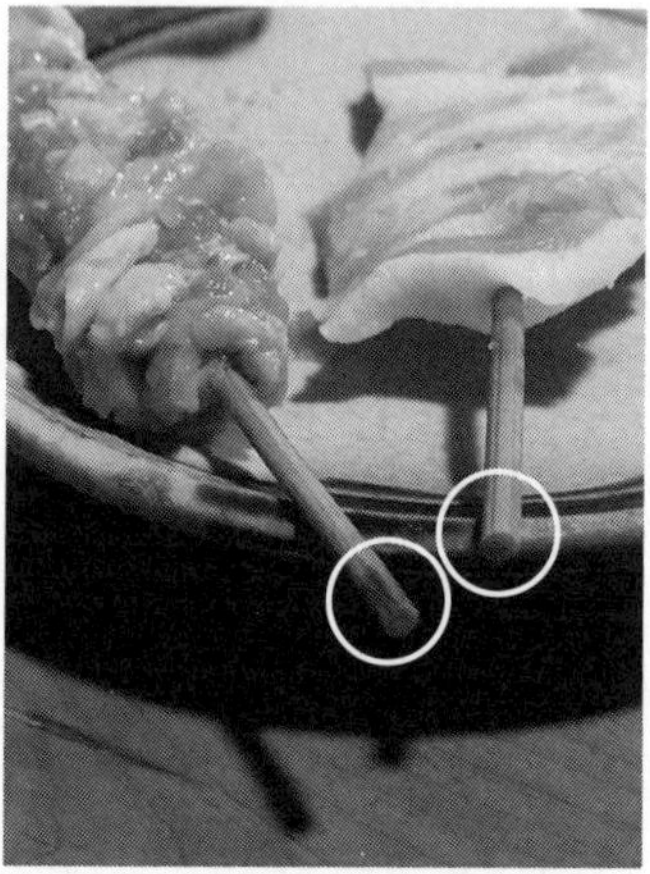

ではどうやってお客さんのお勘定をしているのか?

秘密は「串」にあります。

串には「普通の串（２１０円）」と「端を赤く塗った串（３００円）」の2種類しかありませんが、食べた後の串は回収せず、お客さんおのおのの串入れに全部入れてもらっています。

そうしておくことで、会計時には串の本数だけ数えれば、すぐに料金が計算できるよう工夫がされているのです。

ささもとでは会計について、さらなる工夫が施されています。

お勘定用に、［表15］のような計算テーブルが用意されていて、この表があれば、足し算1回で代金が計算できることに。

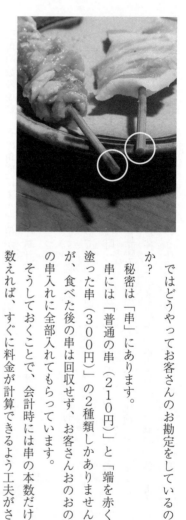

ちなみに、ソフトドリンクは２１０円、ビール小瓶は６３０円、ビール大瓶は８４０円。

飲み物も同様、グラスや瓶は敢えて回収せず、それをそのままお客さんの「情報」として持たせるようにしています。

この料金設定から何かお気付きになりませんか？

そう、ソフトドリンクは串1本と同じ値段。ビールの小瓶は串3本、ビールの大瓶は串4本と同じ値段になるように設定しているのです。従って、大瓶を注文したお客さんがいた場合、会計時に串4本分としてこの表を使えば、瞬時に答えが導き出せるのです。

表15　ささもとの計算テーブル

普通の串 本数	普通の串 合計	赤く塗った串 本数	赤く塗った串 合計
1	210	1	300
2	420	2	600
3	630	3	900
4	840	4	1200
5	1050	5	1500
6	1260	6	1800
7	1470	7	2100
8	1680	8	2400
9	1890	9	2700
10	2100	10	3000
11	2310	11	3300
12	2520	12	3600
13	2730	13	3900
14	2940	14	4200
15	3150	15	4500
16	3360	16	4800
17	3570	17	5100
18	3780	18	5400
19	3990	19	5700
20	4200	20	6000

鮮やかな工夫にとても驚かされますが、お兄さんからお店を引き継いだ、現在のご主人の笹本さん、なんと名門大学卒・元プログラマーという異色の経歴の持ち主。還暦を過ぎてなお、趣味のプログラミングに励みながらお店に立つというとても精力的な方です。

プログラミングの話題を肴《さかな》に、おいしいお酒とやきとんを召し上がるべく足を運んでみてください。

「ささもと」
東京都新宿区西新宿1-2-7

実社会での応用

よく使う電車やバスなどの料金を計算テーブル化しておくと、交通費の総額が導きやすくなるでしょう。お父さん、お母さんだけではなく、お子さんの計算テーブルを作っておくと、家族全員の交通費までが素早く分かるかも。

デザインパターン

「問題への対処法」を汎用化

友達から相談を受けたとき、「同じような問題を以前も相談されたぞ」と感じることがあるかもしれません。またはテレビドラマや映画で、登場人物が何らかの行動を起こしたとき「似たような展開をみたな」と感じたこともあるはずです

一般的に、これらの問題や展開を「パターン」と呼ぶことがあります。そして似たような考え方として、プログラミングの世界では「デザインパターン」があります。より詳しく言えば、「デザインパターン」とはプログラミングをする上で、よくある設計パターンを整理したものです。

デザインパターンにはさまざまな種類があります。アルゴリズムなどのように、現実の世界でそのまま応用するには抽象度が高く、まだ難しいのですが、ここでプログラミングの世界でよく使われるデザインパターンの一つ、「Iterator（イテレータ）パターン」を紹介したいと思います。

「Iterator」とは英語で「繰り返す」といった意味で使われ、「Iterator パターン」は

「反復子のためのパターン」を指します。プログラミングの世界では、プログラムを用いて複数のデータでできた〝塊〟へ順にアクセスし、それで処理していくことが少なくありません。これはつまり「反復」です。

たとえばメールボックスを検索して、該当するメールを一つずつ表示していく、といったらイメージしやすいかもしれません。こうした処理の機会は頻繁にある一方、長い間、かなり原始的な方法に頼らざるを得ませんでした。

しかもこの方法は、同じ処理であっても、プログラマーによって好みの反復のさせかたが変わる、動作するコンピュータの種類や世代によって最適な反復のさせかたが違う、といった欠点も持っており、バグが発生する原因にもなっていました。

しかし近年、デザインパターンが発明されてからは、プログラムはよりシンプルに書けるようになり、そこでのバグは格段に減少しました。

繁盛しているバーを想像してみてください。提供する品数が増えるほど「どのお酒がどれだけ残っているか」といった在庫をバーテンダーが把握するのは、大変になっていきます。大量に買い付ければ置く場所に困るけれども、売り切れてしまえば、場合によっては営業中に買いに行かなければならない。

そこで在庫数を管理し、必要に応じて営業中でも在庫の補充をしてくれるマネージャーに働いてもらう、というデザインパターンを用意しておくとどうか。バーテンダーは接客、マネージャーは在庫管理と役割を分けることで、売りたいときに品切れ、という最悪の事態を防ぐことができるはずです。

デザインパターンは「分割統治法」の応用的なもの、と考えると分かりやすいかもしれません。プログラミング思考に慣れてきたら、自分の身近な範囲でデザインパターンを考えてみましょう。

実社会での応用

会社や学校に着いたら「まず最初にやるべきいくつかのこと」を決めておくのはいかがでしょう。仕事や勉強をする上でも、典型的な流れをマニュアル化したり、抽象化したりした独自のデザインパターンを用意しておくと、効率がグッと上がるかもしれません。

いかがだったでしょう。別の章でもお話ししましたが、プログラミングテクニックというものが、現実世界でそのまま使える、とても洗練された思考法でもあることが改めて理解できたのではないでしょうか。

ここでご紹介したもののほかにも、現実世界でそのまま使えそうなテクニックは思いつくだけで、まだまだあります。

たとえば、目的のものをすぐに見つけ出す「2分探索木法」、たくさんの書類を効率的に並べ替える「クイックソート」、特定の規則を設けて効率的に並べ替える「マージソート」、あのGoogleも導入している超効率的な作業分担法「マップ・リデュース」……。

きりがないのでここでの紹介は控えますが、皆さんもプログラミングをより深く学び、こういったテクニックを普段の仕事に応用してみると新しい発見がいろいろあるかもしれません。

さあ、次章はいよいよパソコンを使ったプログラミングに入りましょう!

COLUMN
コンピュータの誕生と進化 3

企業と宇宙とコンピュータ

IBMとともに発展を遂げたコンピュータ

第二次世界大戦を契機として発達したコンピュータと同時に、IBMも飛躍のときを迎えます。

IBMのタビュレーティング・マシンは連合国各国に採用され、補給業務や会計処理にと活躍。そのうえ、ブラウニング自動小銃などのいわゆる兵器まで製造するなど、IBMは積極的に軍事に関わっていきました。

しかもIBMのクライアントは連合国だけではありませんでした。戦前から、なんとナチスドイツにまでタビュレーティング・マシンを提供。ジャーナリストのエドウィン・ブラックは「IBMジュネーブオフィスは、ナチスを積極的にサポートしており、その技術でホロコーストが効率化された」とも指摘しています。

終戦を迎えても、IBMは戦時中に大きく拡大した需要を逃さず、そのまま軍などにおける新しいシステム開発に協力します。

特に1950年代、防空用途として発注された「SAGE（セージ）」は、世界初の軍用インタラクティブ（双方向）・コンピューティング・システムであり、ＣＲＴ（ブラウン管）、ライトガン（デジタイザーペンのようなもの）、電話回線経由のデジタルデータ転送など、今に通ずるさまざまな基礎技術が発明される契機となりました。SAGE の開発は当時のＩＢＭとして最も巨大なプロジェクトで、最盛期には全従業員の5分の1、７０００人もの人々が従事していたそうです。

その甲斐あってか、ＩＢＭは60年代以降のコンピュータ勃興期において、圧倒的な存在感を示すようになります。

たとえば64年に開発された汎用メインフレームコンピュータ、「System/360」。これは３６０番目のシステムという意味ではなく、「３６０度、全方位をカバーできる汎用性を持つ、優れたコンピュータ」ということを指します。

今では信じられないことですが、それまでのコンピュータは、軍事用にせよ、会計用にせよ、その用途が絞られていました。しかし System/360 は違います。プログラムを用意すれば、商用から科学技術計算まで、あらゆる目的に使える初めてのコンピュータとして、大成功。

こうしてＩＢＭはさらに確固たる地位を築いていきました。

トランジスタとシリコンバレーの誕生

コンピュータの発展を語るうえで決して欠かせない画期的な発明。それが半導体の一つであり、現在の電子工学の主力素子である「トランジスタ」です。

トランジスタの発明は、いわば半導体文明の出発点。多くの電力を必要とし、しかも寿命が短い「真空管」しかないところに、低電力・長寿命のトランジスタが登場したことは、コンピュータの構造を決定的に変えた発明であったといえるでしょう。

トランジスタは電話の発明者、グラハム・ベルの名を冠した「ベル研究所」で産声を上げます。1947年に「点接触型トランジスタ」が、続いて物理学者ウィリアム・ショックレーにより、安定して機能する「接合型トランジスタ」が発明されました。

55年、彼はカリフォルニア州に「ショックレー半導体研究所」を設立。その翌年にはトランジスタの発明者の一人としてノーベル物理学賞を受賞することとなります。

しかし研究所設立時、ショックレーはベル研究所の仲間を勧誘しましたが、その偏執的な性格からか、誰も加わってくれませんでした。そこでやむなく現地で優秀な若者を採用。その採用者が、のちにこの分野で功績を残したロバート・ノイスとゴードン・ムーアです。

さらにせっかく作った半導体研究所ですが、所長の性格が災いしたようで、研究者が続々退職。彼らは新たにフェアチャイルド・セミコンダクター社を設立してしまいました。

先のノイスはその中心を担います。「シリコン型半導体にこそ未来がある」と主張し、出資者を募りました。当時、半導体の原材料はゲルマニウムが主流でしたが、価格が高いというデメリットがあったため、彼は石に含まれている、安価なシリコン（硅素）に着目したのです。

そして1枚のシリコン板に、4つのトランジスタを載せることに成功。これがシリコン集積回路、つまり今日私たちが「IC」と呼ぶ、黒くゲジゲジした電子部品です。

この発明でフェアチャイルド・セミコンダクター社は躍進を遂げますが、親会社との間で経営方針の対立があったため、ノイスは、ムーアとさらに新会社を設立することになります。会社名は、「集積された（Integrated）電子技術（Electoronics）」をあわせた合成語、インテル（Intel）と名付けました。

こうしてノイスとムーアの関わった会社を中心として、カリフォルニア州北部は、いつしか「シリコンバレー」の異名で知られることとなったのです。

日本人の貢献

さて、ノイスとムーアが設立し、シリコンバレーの代名詞となったインテル。設立するや否や、次々と新製品を発表し、瞬く間に存在感を増していきます。

インテルの成功を決定づけたのは、何といってもシリコンの小さな板（ウエハー）の上に複雑なテクノロジーを搭載した「マイクロプロセッサ」の発明ではないでしょうか。そしてこの画期的な発明には、実は日本人が深く関わっています。

時は１９６４年、日本では、のちに「電卓戦争」とも呼ばれる開発競争が起きていました。早川電機（のちのシャープ）は、イギリス製の真空管電卓を全てトランジスタに置き換えた小型電卓「CS-10A」を発表。すると相次いでカシオ、ソニーらもトランジスタを搭載した小型電卓を発表します。

競争がますます激化していた69年、電卓ベンチャー企業だった日本計算機製造販売（のちのビジコン社）はこの戦いに勝ち残る策を求めていました。そこで天才技術者・嶋正利は、電卓の設計を国内企業ではなく、インテルに提案します。するとインテルの技術者は、より汎用的な機能を半導体回路だけで実現できる可能性を示唆しました。

このアイデアをもとに、嶋が論理設計を行い、それをインテルが物理設計に落とし込むという、当時にはまれな国際的開発過程を経て、世界初のマイクロプロセッサ、「Intel 4004」が完成することになります。

Intel 4004は、嶋のインテル移籍や、その後の改良を経てIntel 8086となり、インテルの主力商品であるCore iプロセッサシリーズの源流になっています。その影響は大きく、未だにインテルの一般的なCPUアーキテクチャはしばしば「x86」と呼ばれるほど。

嶋はその後、インテルをスピンアウトし、ザイログ社へ。そこで「Z80」を開発します。そしてこのマイクロプロセッサは全世界で使われる大ベストセラー商品となりました。

近年のコンピュータの発展に日本人がこれほど貢献していたことを、ご存じない方も多かったのではないでしょうか。

宇宙開発競争とコンピュータ

宇宙開発競争とコンピュータの発展にも、実は密接な関係があります。

1957年、当時のソビエト連邦は人類初の人工衛星、スプートニク1号の打ち上げに成功します。重量約80kg、直径約60cmの球体型をした人工衛星は、地球を周回しながら電波を発信し続け、世界に衝撃を与えました。なおその電波は、個人所有のハム無線でも受信できるものだったそうです。

その中でも最も衝撃を受けたのは、ソ連のライバル、アメリカ合衆国でした。アメリカはスプートニク1号の成功で、自分たちの頭上にソ連製爆弾が落とされる可能性に気づき、対抗する宇宙計画の策定に奔走することになります。このとき設立されたのが、アメリカ航空宇宙局、通称「NASA」です。

NASA 設立の目的は、ソ連に対抗し得る宇宙技術を開発し、打ち負かすことでした。NASA の計画の中心人物は、第二次世界大戦中に人類初のロケット兵器「V2ロケット」を開発したドイツ人、ヴェルナー・フォン・ブラウンら。大戦中は不倶戴天の敵だったであろう、彼らの協力を仰がなければならないほど、当時のアメリカは追い詰められていました。

ソ連の宇宙開発を支えたコロリョフ設計局も、もとはV2ロケットの技術者を囚えて、働かせるところから始まったと言われています。コンピュータと同様、宇宙開発にも戦争は強く結びついているのです。

なおソ連のロケットには制御装置として、初めからコンピュータが搭載されていました。危険が多いうえ、迅速な判断が求められる宇宙ロケットにおいて、人間ではなく機械の力を借りるのは必然だったのでしょう。一方で初期のロケットのコンピュータは真空管で動いていたので、衝撃で壊れやすく、これが打ち上げ失敗の主な原因になっていました。

しかし「コンピュータ界の巨人」と呼ばれていたIBMが、この頃に System/360 の開発に成功。そしてこの System/360 は1972年まで続くアポロ計画で積極的に活用され、アメリカが人類で初めて月に降り立つことに大きく貢献するのです。

『グーテンベルクの銀河系』と『全地球カタログ』、そしてiPhone

1957年、打ち上げに成功したスプートニク1号に衝撃を受けたのは、アメリカの政府関係者だけではありません。カナダ出身の英文学者であるマーシャル・マクルーハンもその一人です。彼はスプートニクが地球を周回しながら電波を発信する様子を見て、著書『グーテンベルクの銀河系』（森常治訳、みすず書房）の中で、つながり合った地球全体をあたかもひとつの村のように捉える「グローバル・ヴィレッジ」を提唱しました。

なお『グーテンベルクの銀河系』はもちろん、『機械の花嫁――産業社会のフォークロア』（井坂学訳、竹内書店新社）など、メディアの捉え方や考え方を丁寧に説き、再定義した彼の著書の多くはベストセラーとなっています。

たとえばマクルーハンは「メディアはメッセージである」と断言します。そしてメディアが何たるかを知るには、メディアの外に出て観察することが必要と説き、「誰が川の水を発見したのかは知らないが、魚でないことは確かだ」と主張しました。マクルーハンの信奉者を「マクルーハニスト」と呼びますが、極めて難解で独特の文体を用いた内容は、多くの熱狂的なマクルーハニストを獲得した一方で、賛否両論を巻き起こしました。

コラム4に登場するアラン・ケイも、マクルーハンの影響を受けた一人。彼は夏休みの数ヶ月を『グーテンベルクの銀河系』を読む時間に充ててコンピュータをメディアとして捉えた、と言っています。その後、77年に彼が論文を通じて発表したコンセプト「パーソナル・ダイナミック・メディア」は、現在のパソコンやスマートフォン、タブレットの原型とも呼べるものになりました。

また、同じくマクルーハンの信奉者であった文学者のスチュアート・ブランドは、NASAに対して「地球の写真を公開せよ」と要求する運動を開始。実際に公開させることに成功し、表紙に地球の写真を掲載した『全地球カタログ（Whole Earth Catalog）』の出版につながっていきます。

この『全地球カタログ』は当時「ヒッピー」と呼ばれた、アメリカ西海岸で自由に暮らす人々のためのノウハウや必要な商品、サービスを大量に掲載したもので、まさしく「必要な情報が全て網羅された本」を目指して刊行されました。これは現在のインターネットの原型と言われています。

なお『全地球カタログ』の最終号の裏表紙には「Stay Hungry, Stay Foolish」というメッセージが掲載されています。自身がヒッピーで、Appleを作ったスティーブ・ジョブズが講演の中でこの台詞を引用したのは有名な話です。そしてその登場が世界を変えたと言っても過言ではないiPhoneを最初に発表した時、そのロック画面には『全地球カタログ』と同じ、地球の写真が掲載されていました。

マクルーハンの思想がここに至るまで、いかに大きな影響を与えたかがよく分かるエピソードです。

Chapter 4

簡単コンピュータ
プログラミング講座

いよいよコンピュータプログラミングを始めよう!

ついにコンピュータを使ってのプログラミングを行いましょう。

この本ではプログラミングをできるだけ手軽に体験、そして理解していただくために、筆者らが開発したビジュアルプログラミング言語、「MOONBlock」を使って解説を進めていきます。

プログラミングというと、多くの方は何やらコンピュータの画面上にアルファベットや英単語が居並ぶものを想像されると思いますが、MOONBlock はそれらを視覚的に分かりやすく整理したものだと考えてください。プログラミングの過程で登場するプログラム言語をビジュアル化・ブロック化することで、誰にでも、直感的にプログラミングできるように工夫しています。

使う道具としてはインターネットにつながったコンピュータと web ブラウザがあれば、とりあえずOK。

ただし、あくまで執筆時の状況ではありますが、Windows の標準ソフトとして入っている『Internet Explorer』だと、バージョンによっては使用できないものがあるようです。

『Firefox』や『Google Chrome』などのwebブラウザなら問題なく進められますので、それらをお勧めします（なおここではGoogle Chromeを使って解説しています）。

ここまでにお話しした「基本ルール」や「テクニック」を理解していることで、一つひとつの作業の意味がより深く理解できるかもしれません。

では、さっそくトライしていきましょう！

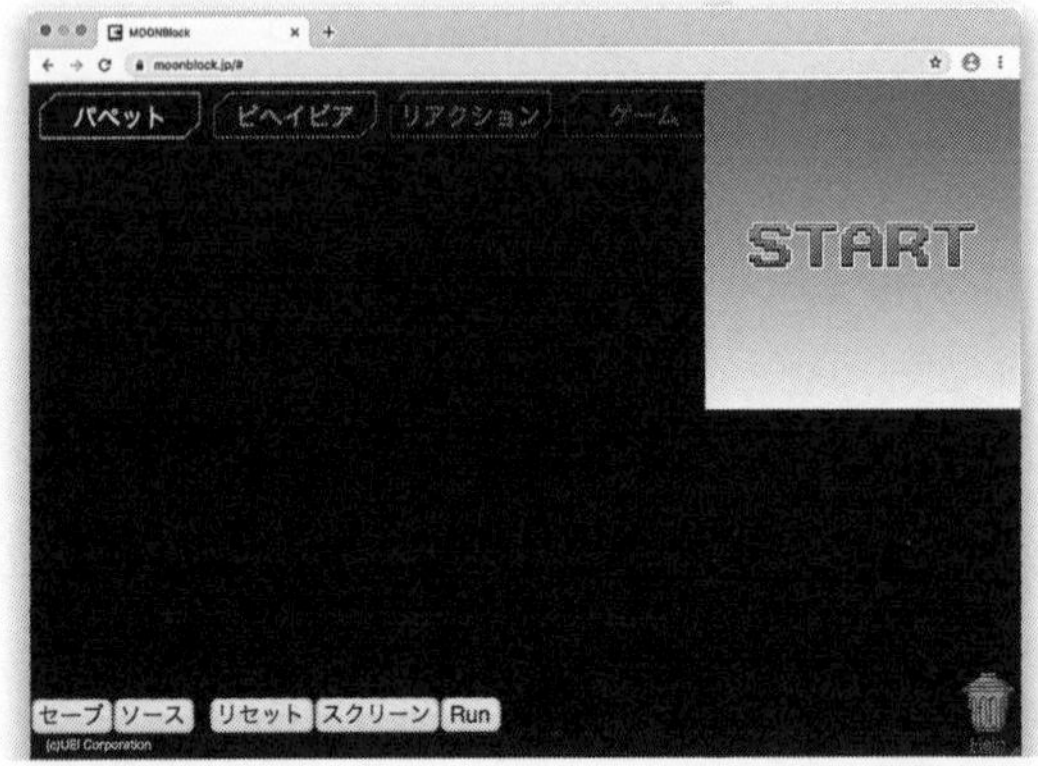

1 まず、ブラウザのURL入力窓に、**http://moonblock.jp**と打ち込んでください。すると「MOONBlock」が立ち上がります。

「パペット」「ビヘイビア」などが並んでいる部分は「キット」、右上の「START」と表示されているところは「実行エリア」、真ん中の黒い部分は「ワークスペース」と呼びます。なおキットはそれぞれの項目の左右に少し空いたスペースをクリックすることでどんどん入れ替わっていきます。

まず、キットから「パペット」をクリックしてみましょう。

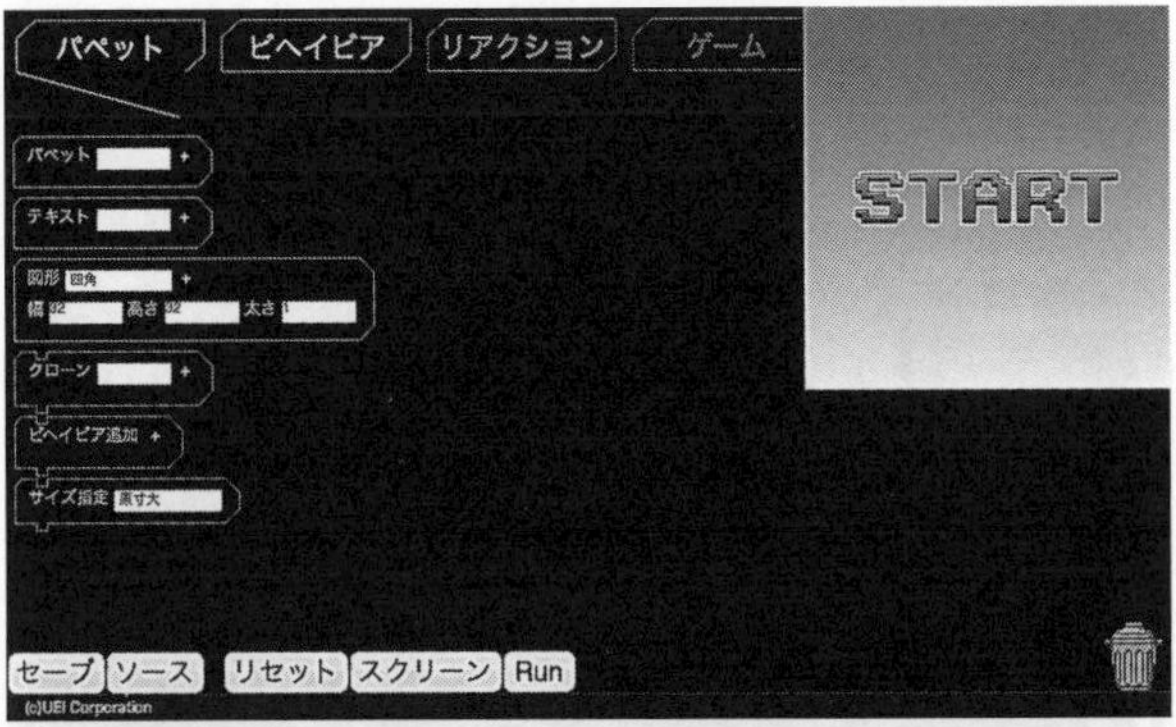

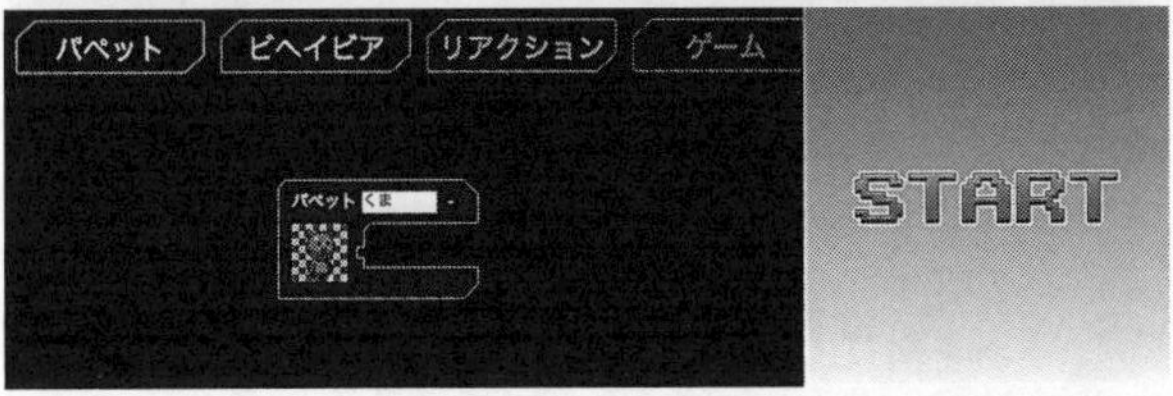

2 するといろいろな図形が出てきますね。それぞれの図形は「ブロック」と呼び、このブロックこそが「プログラム」の役割を担います。

従来はプログラム言語を用い、細かく指示を書き起こすのですが、MOONBlockではその過程を「ブロック」に置き換えることで、より簡単に指示をコンピュータへ伝えられるよう工夫しています。

まずは「パペット」と書かれたブロックをドラッグしてワークスペースに持ってきましょう。

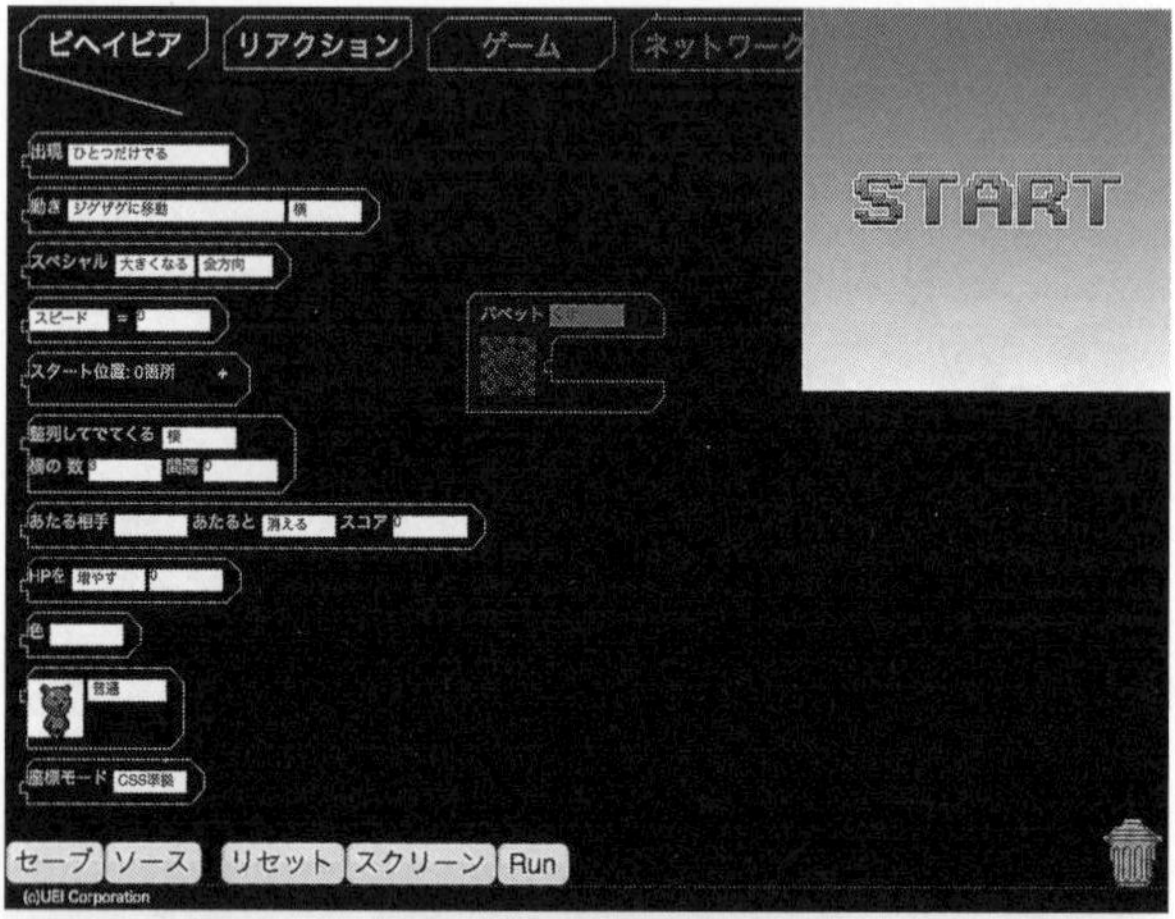

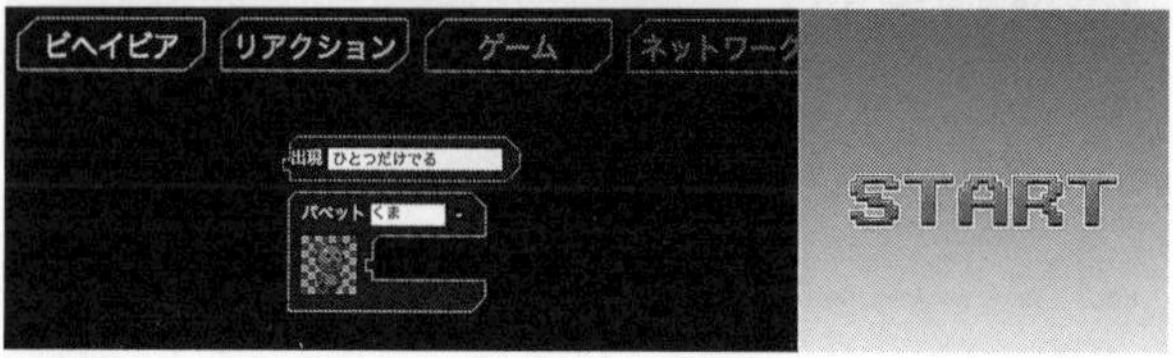

3 次に、キットの「ビヘイビア」をクリック。すると、またちがったブロックが出てきます。ここから「出現・ひとつだけでる」と書かれたブロックをドラッグし、ワークスペースに置いてください。

なお、間違ったブロックを引っ張り出してしまった場合は、右下のゴミ箱までドラックすれば削除もできますのでご安心を。

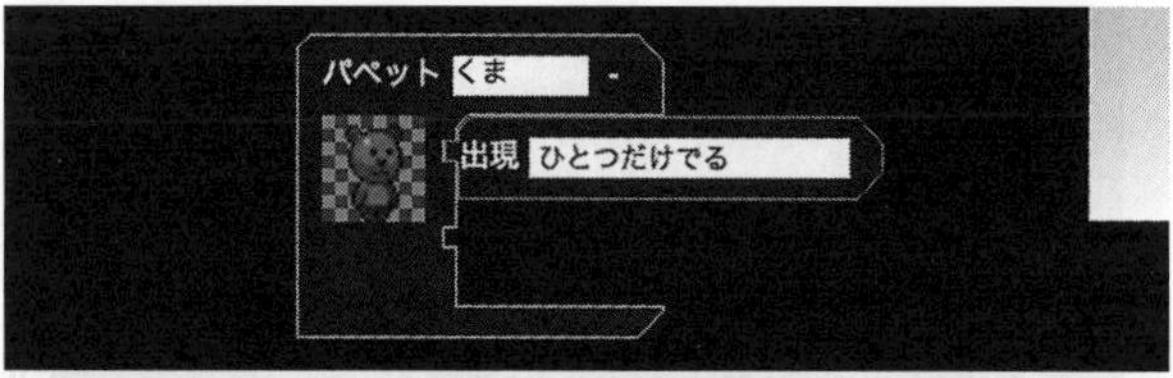

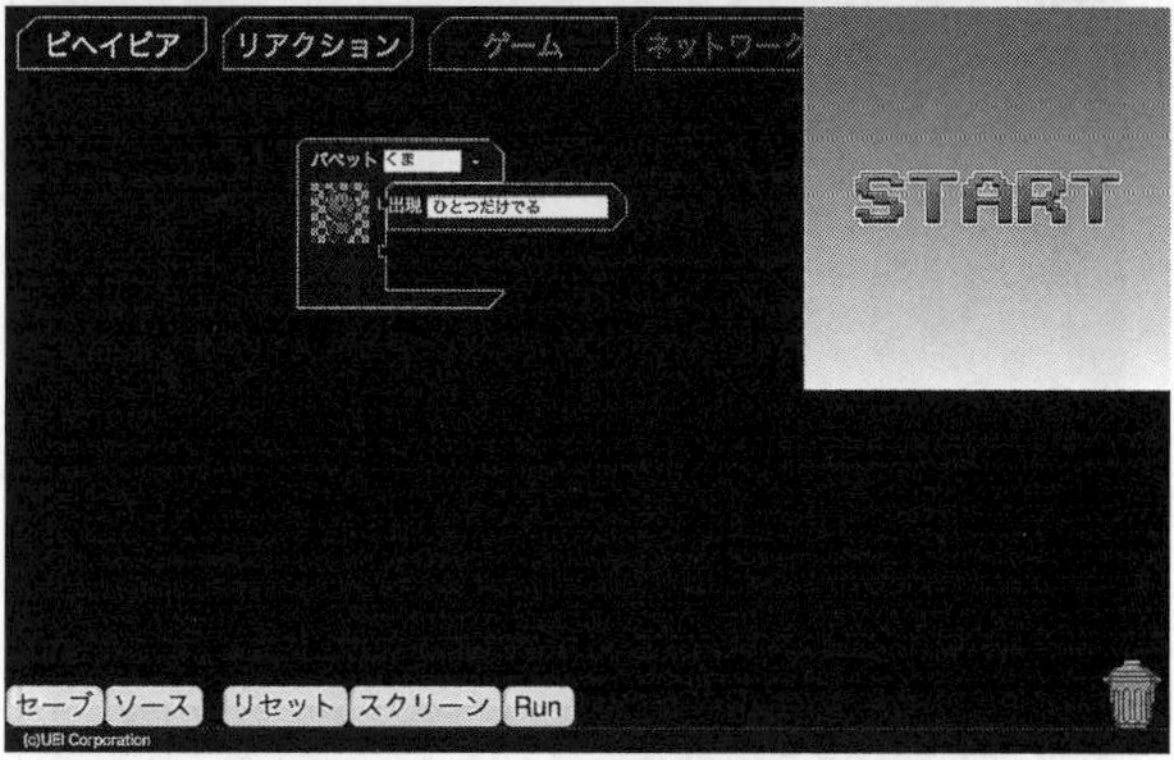

4　「出現」ブロック左側の突起と、「パペット」ブロックのコの字型をした内側の窪み、実は対応しています。「出現」ブロックをドラッグし、「パペット」ブロックの窪みに入れてみましょう。写真のようにブロックをはめ込むことができます。

この状態で画面下の「Run」ボタンをクリック、次に実行エリア内の「START」をクリックしてみましょう。くまのキャラクターが実行エリアの真ん中に表示されたはず。

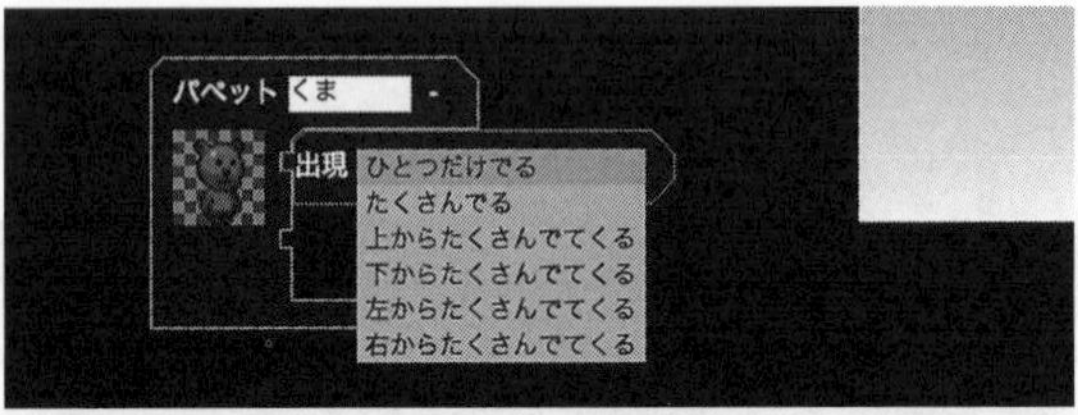

5 次に「出現」の右側にある「ひとつだけでる」と書かれた文字部分をクリック。すると「出現」ブロックのオプションがずらずらと表示されます。ここから「たくさんでる」を選んで、「Run」ボタンをクリックしてみましょう。「たくさんでる」というオプションを選ぶと、さらに「最初に出てくる数」という別のオプションが表示されます。ここには「10」と入力されているので、10匹のくまが出てきたことになります。

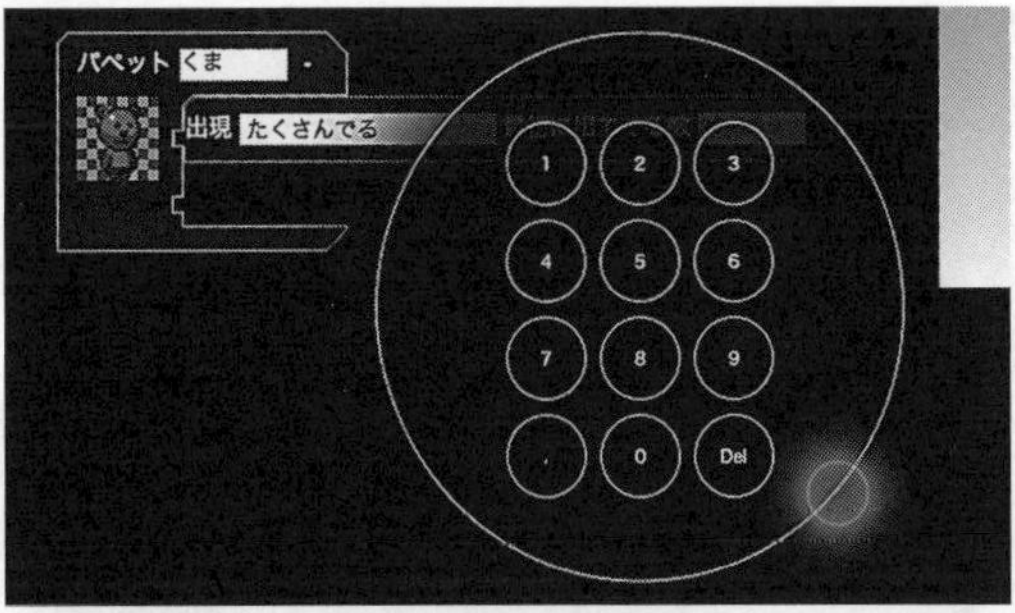

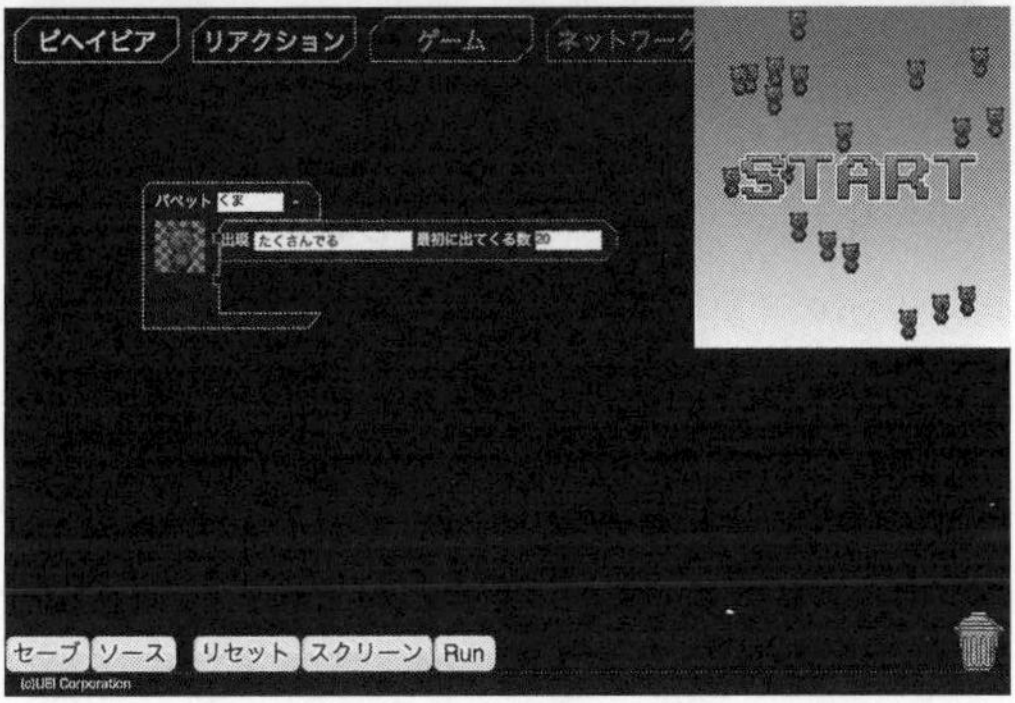

6　この「10」という数字部分をクリックすると、セレクターが現れます。このセレクターで20と打ち込んでみましょう。セレクターの外をクリックすると、数字が確定されます。

そのうえで「Run」をクリックすると、確かにくまがたくさん出てきました。

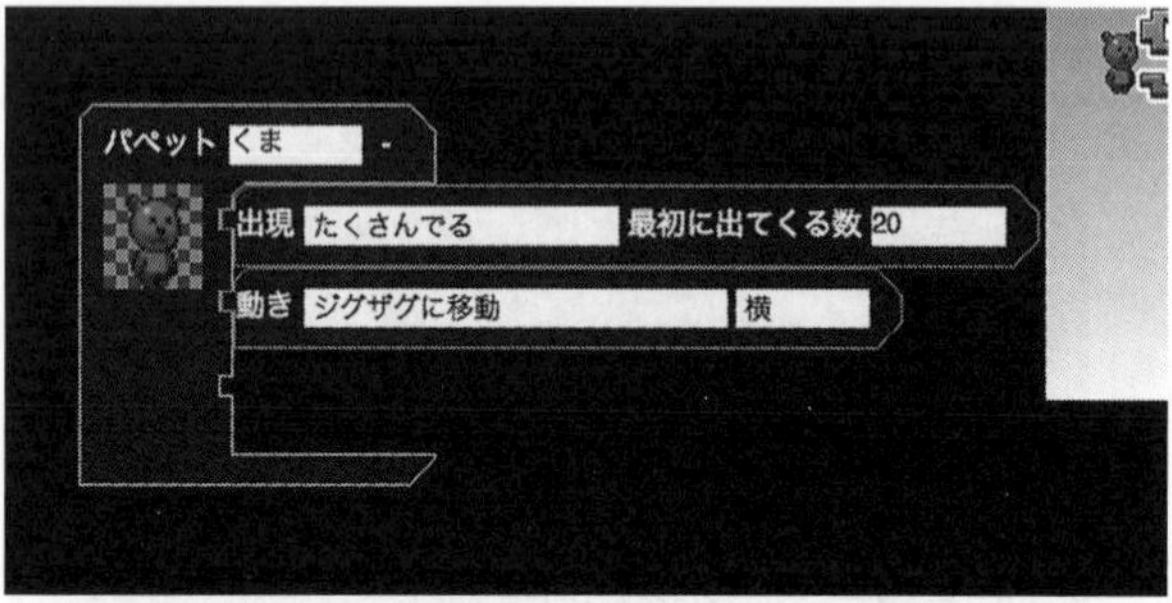

7 くまが出るだけでは面白みに欠けますから、もう少し変わったこともしてみましょう。

キットから「ビヘイビア」を再びクリックし、先ほどと同じ要領で今度は「動き」と書かれたブロックをパペットにはめ込んでください。「Run」をクリックしてから「START」をクリックすると、くまたちがいっせいに左右に動き始めたはず。

これこそがこの本を通じて学習してきた「プログラミング」です。

たった今、くまたちはあなたがプログラミングした通りに動きました。たとえあなたがパソコンの前を離れても、くまたちは同じ動きをし続けます。それこそ、電力の続く限り。

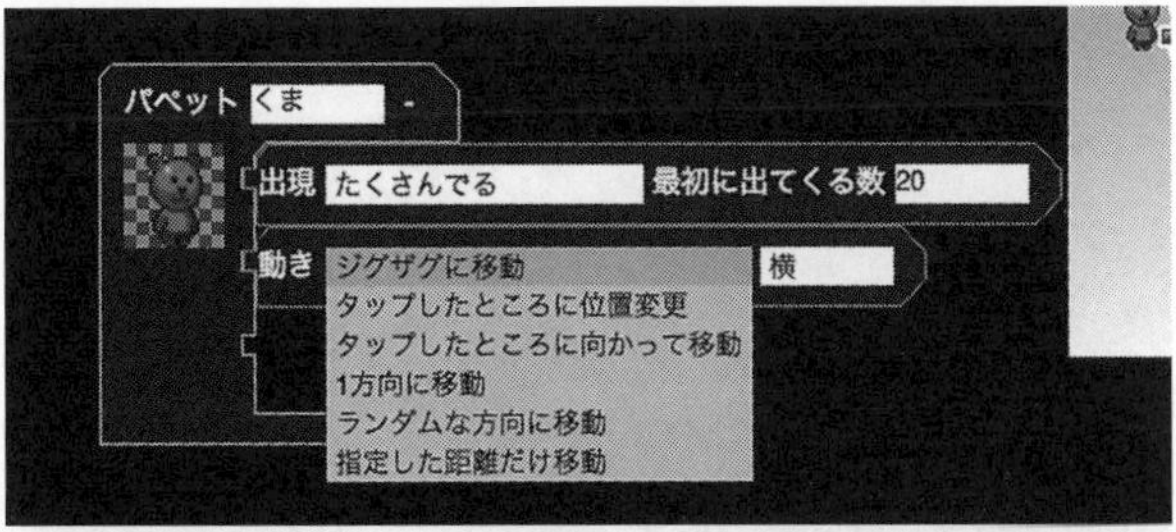

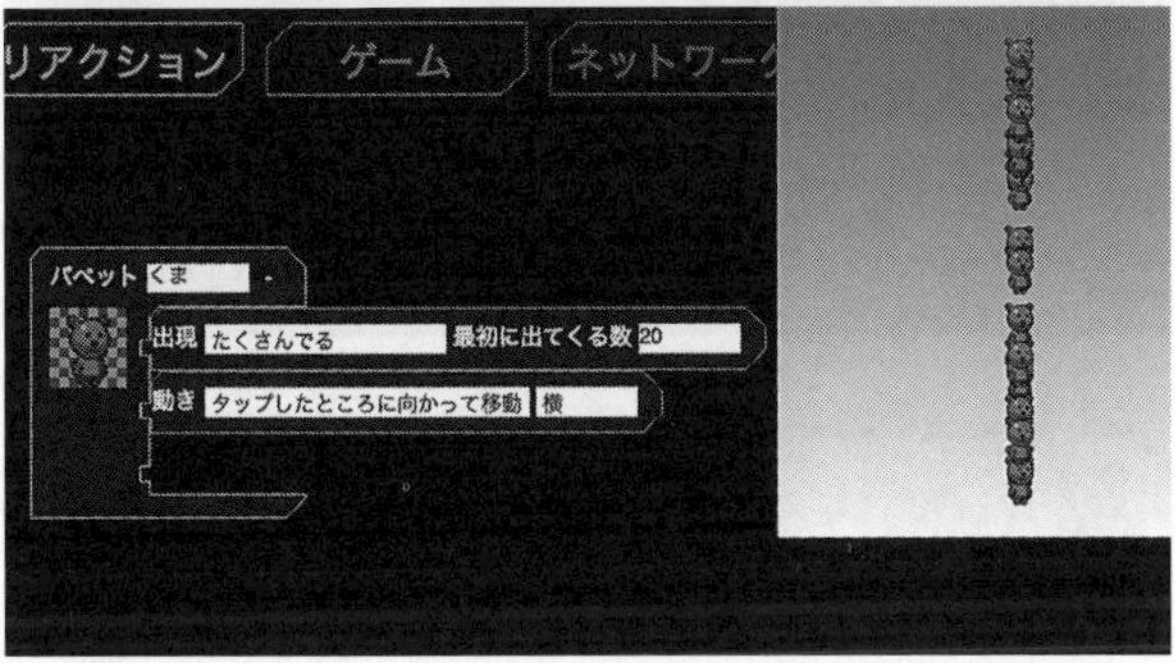

8　次に「動き」ブロックによる指示を変えてみましょう。

「ジグザグに移動」をクリックすると、色々なアクションが表示されます。

ここから「タップしたところに向かって移動」「横」を選び、また「Run」して「START」すると、クリックした場所にくまたちがいっせいに移動します。

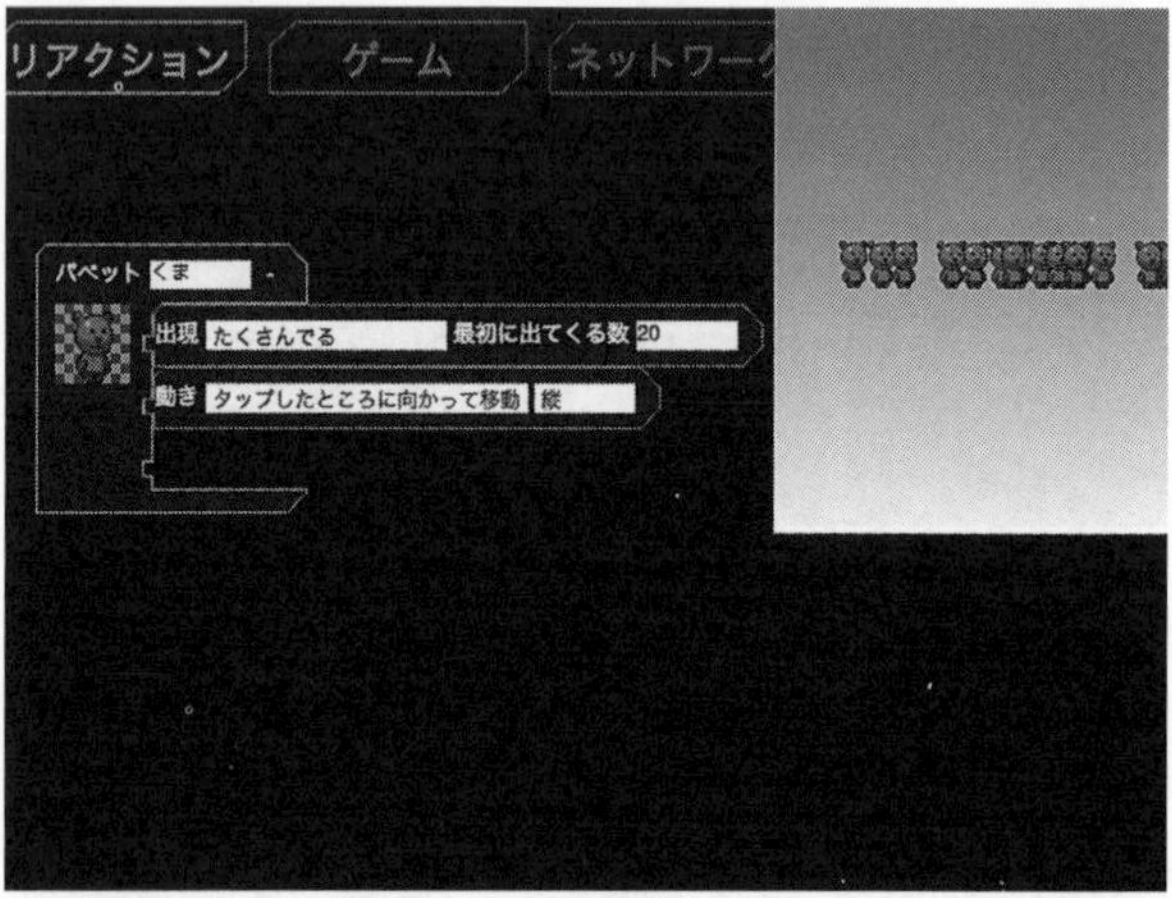

9 「動き」ブロックの「横」という表記を「縦」に変えてみましょう。また「Run」して「START」すると、くまがいっせいに整列して、今度は縦に動き出しました。ちょっと怖いですね。

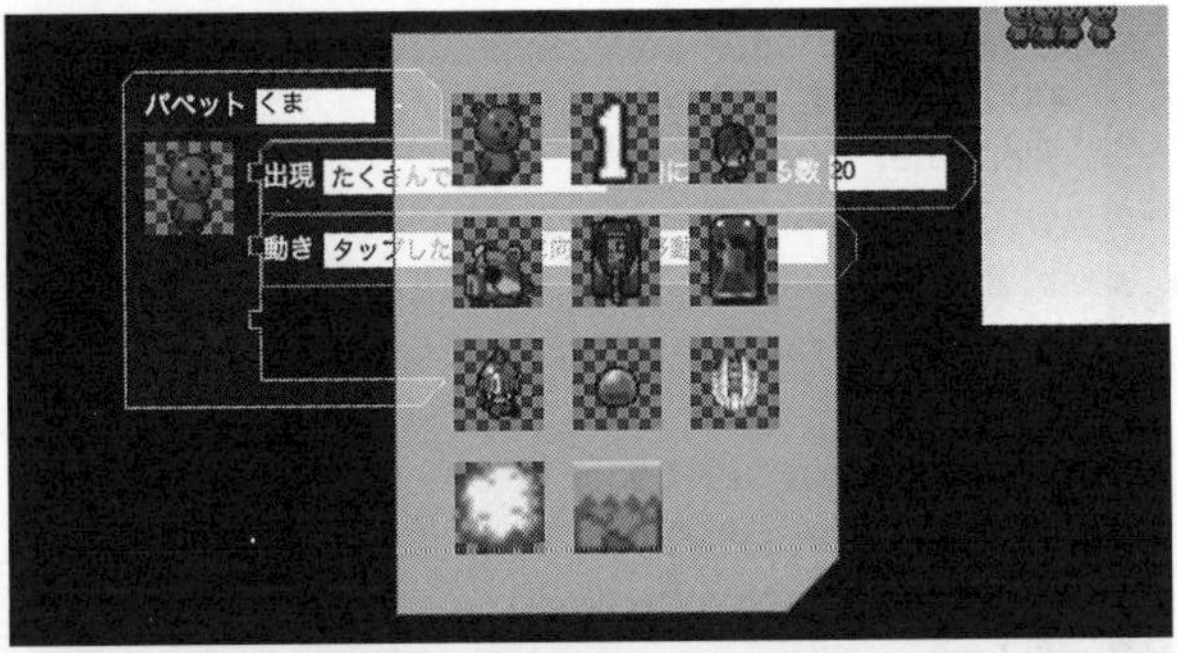

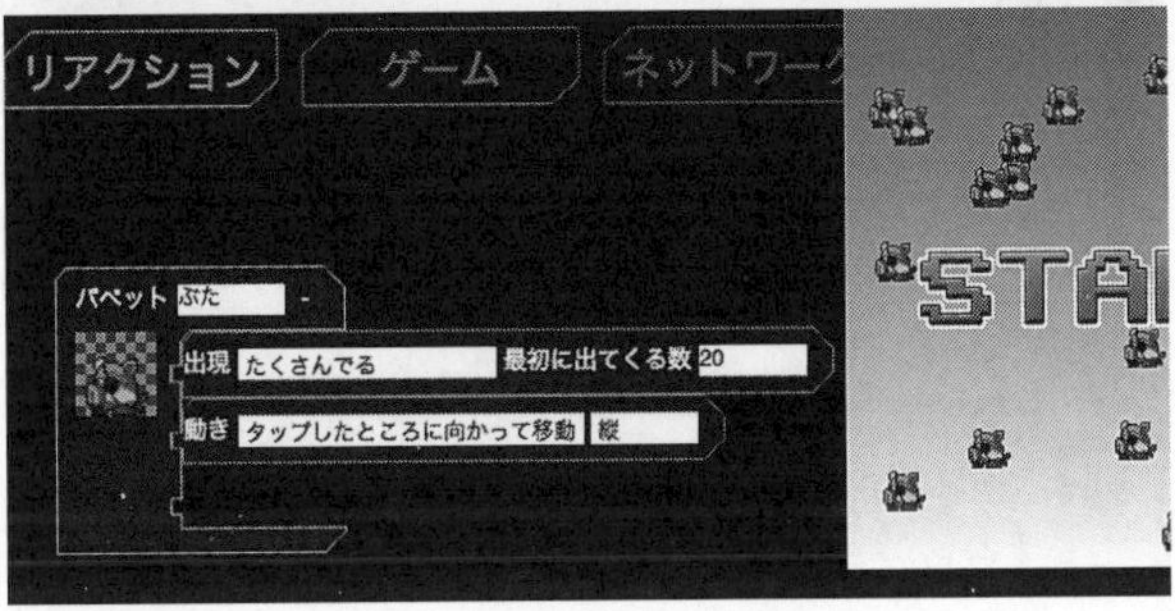

10　次にパペットブロックの左側にあるくまの絵をクリックしてみましょう。するとくま以外にもいろいろな絵が出てきます。

この絵の中から一つを選ぶと、今度はそれを動かすことができます。試しにぶたを選んでみましょう。

実行エリアの中のパペットがぶた「に変わりましたか？

```
Puppet.create("ぶた", {
  filename: "chara2.png",
  w: 32,
  h: 32,
  behavior: ["randomSetup",
  {
    sceneStart: function() {
      this.interval = 30;
      this.initialNumber = 20;
    }
  }, "tapChaseY"]
});
```

11 ちなみに、下にある「ソース」をクリックすると、プログラムのソースコードを読むことができます。このソースコードは、JavaScriptというプログラミング言語で書かれたもの。先ほどもお話ししましたが、MOONBlockはビジュアルベースの言語であり、ブロックを並べることでプログラムを表現しています。しかし、MOONBlockの内部では、ブロックの組み合わせをJavaScriptのソースコードに変換し、プログラムを実行しているのです。プログラミング言語とはいえ、言語である以上、英語を日本語に言い換えることができるのと同じように、他の言語に翻訳することも可能なのです。

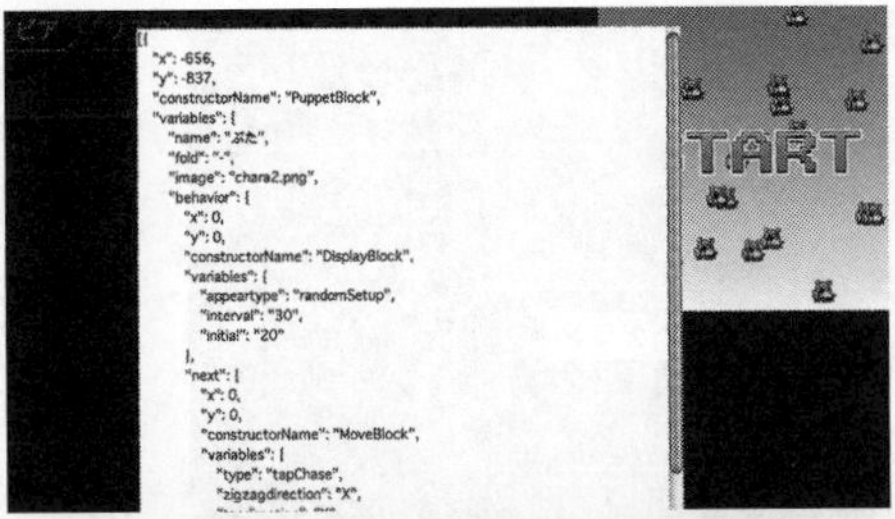

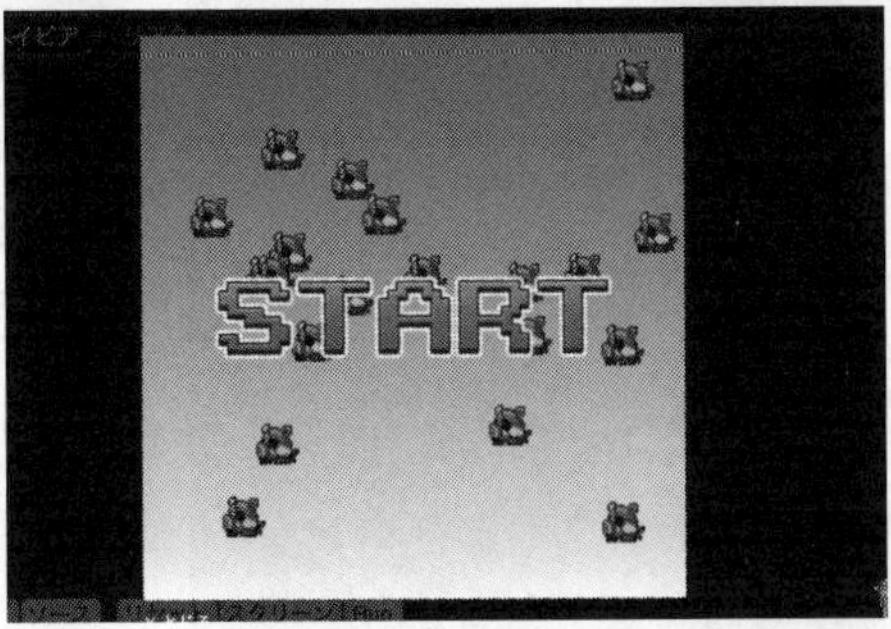

12 「セーブ」ボタンをクリックすると、こちらでもソースコードが出てきます。これをコピーしてパソコンのどこかに保存し、またそれを「セーブ」欄に貼り付ければ、好きなときにこのプログラムを呼び出すことができます。

「スクリーン」ボタンをクリックすると、大きな画面で見ることができ、「リセット」ボタンを押せば、ワークスペースの全てのブロックを消去してくれます。活用してください。

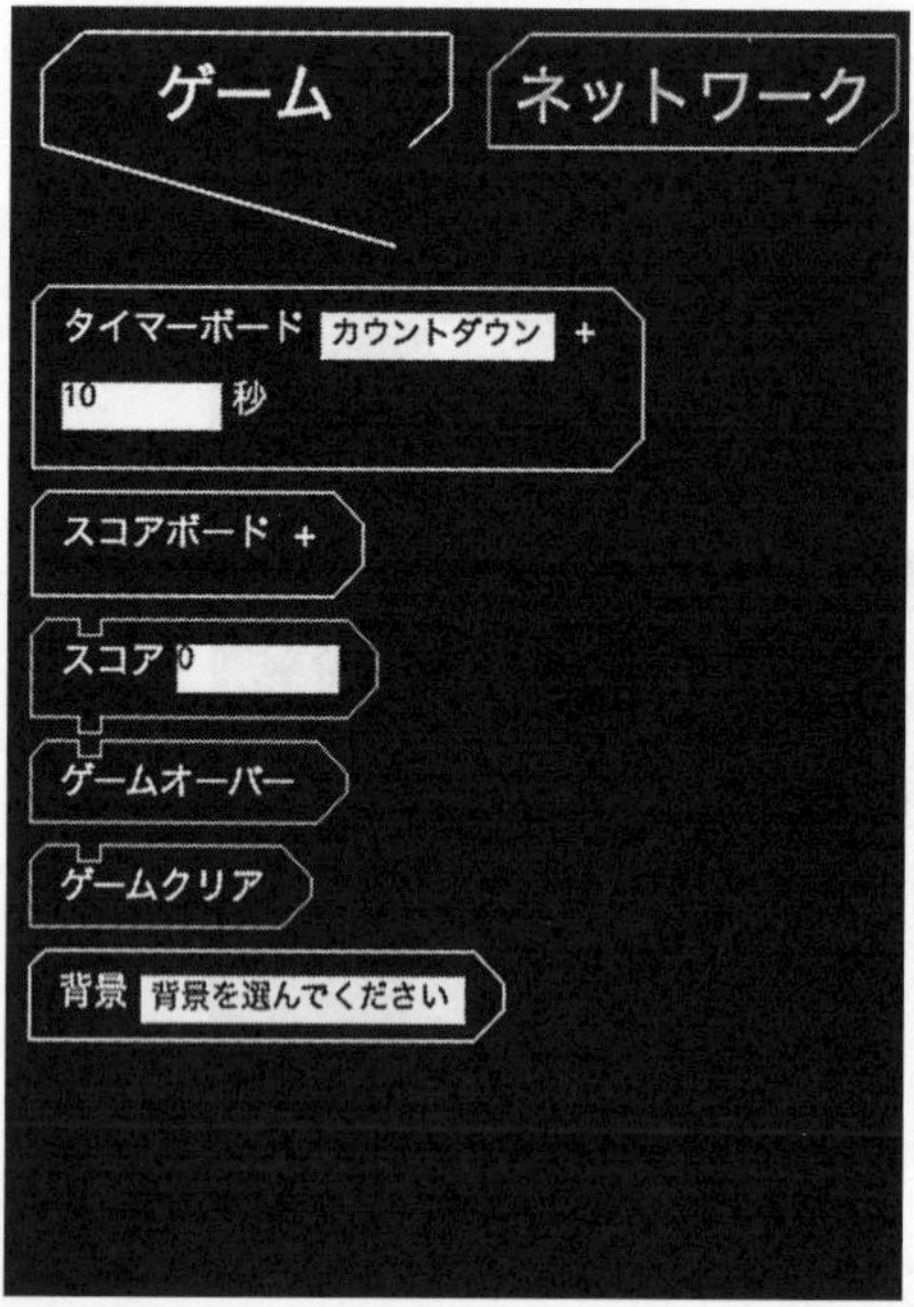

1 次は時間が来ればアクションを起こす、時限式のプログラムを作ってみましょう。

「ゲーム」キットの中に「タイマーボード」というブロックがあるので、それをワークスペースに引き出してください。

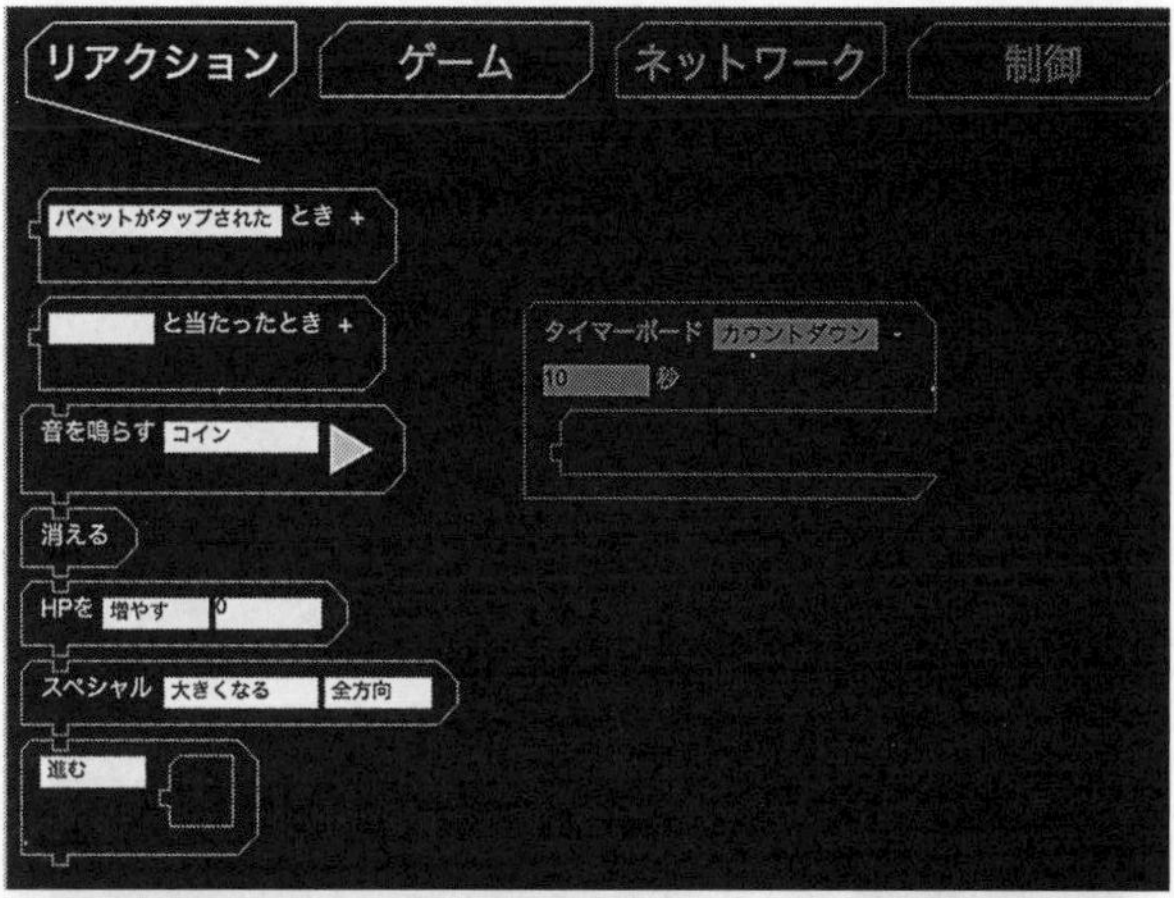

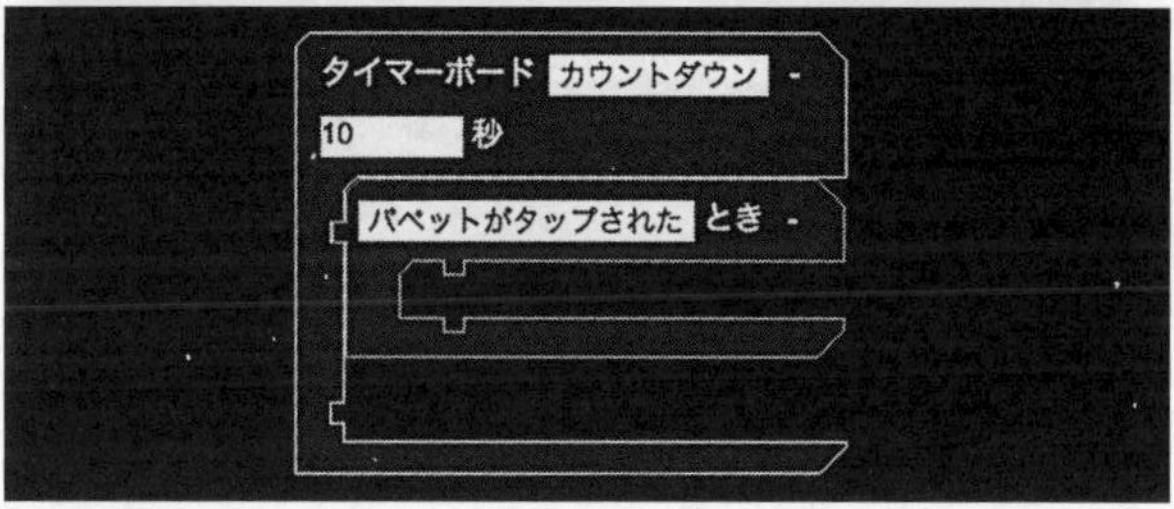

2　次に、キットの「リアクション」から「パペットがタップされたとき」ブロックをドラッグして、タイマーボードの窪みにはめ込みます。

なお、ここでの「パペットがタップされたとき」が、Chapter 3 で紹介した「分岐」に該当します。

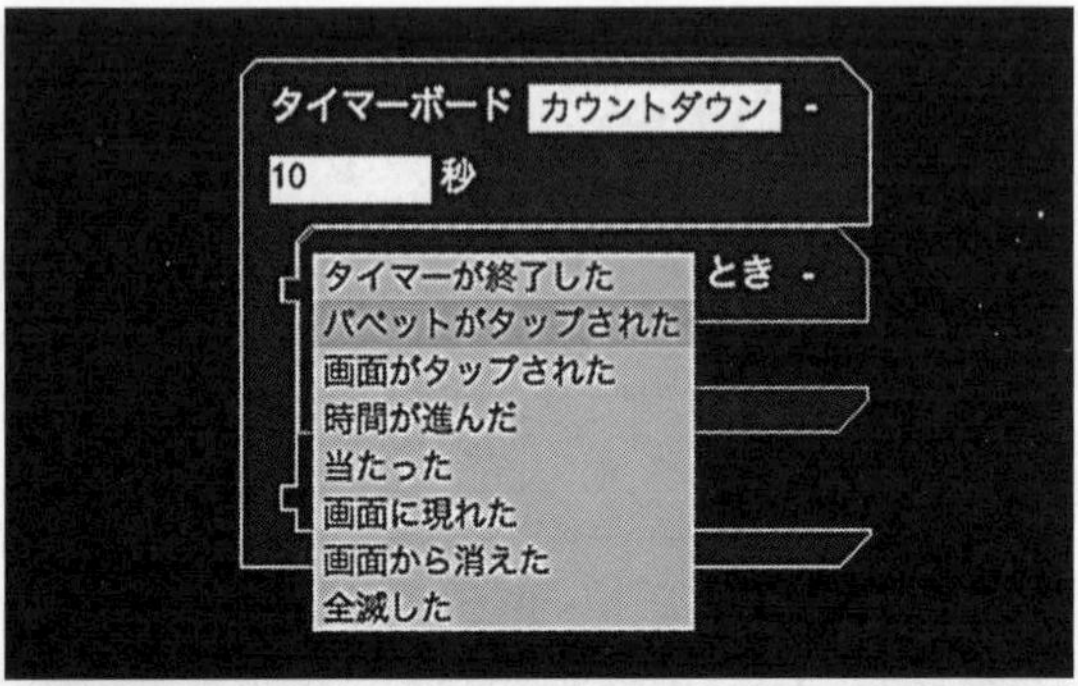

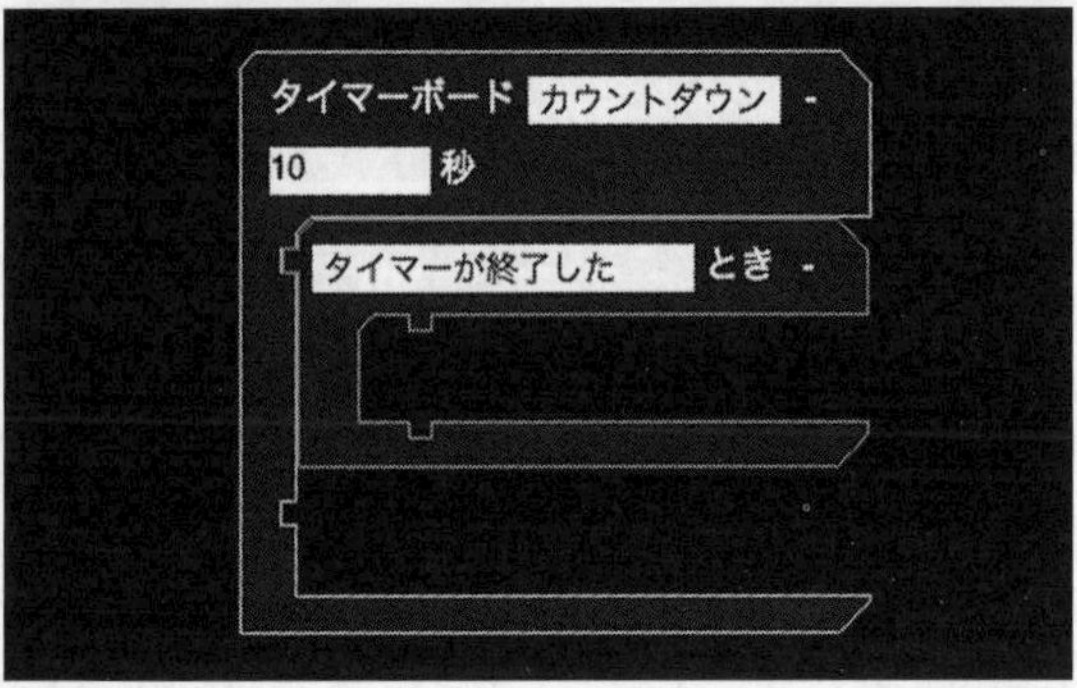

3 ここで「パペットがタップされた」という部分をクリックすると、さまざまなオプションが表示されます。

この中から「タイマーが終了した」を選びます。

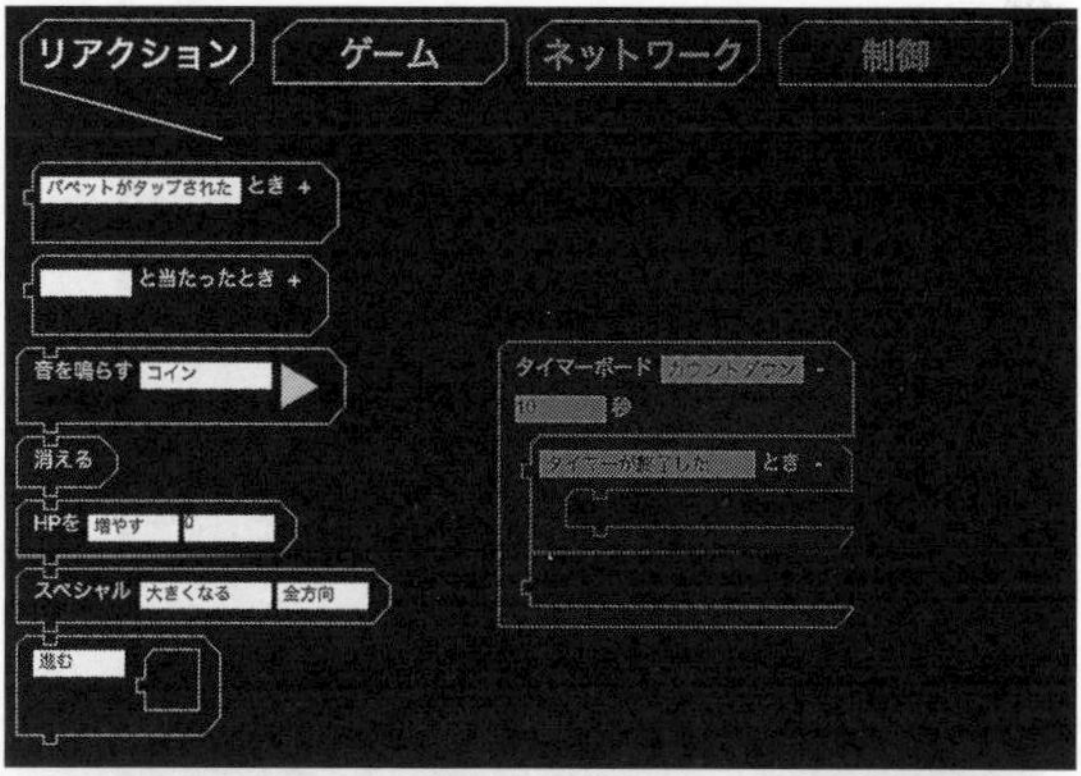

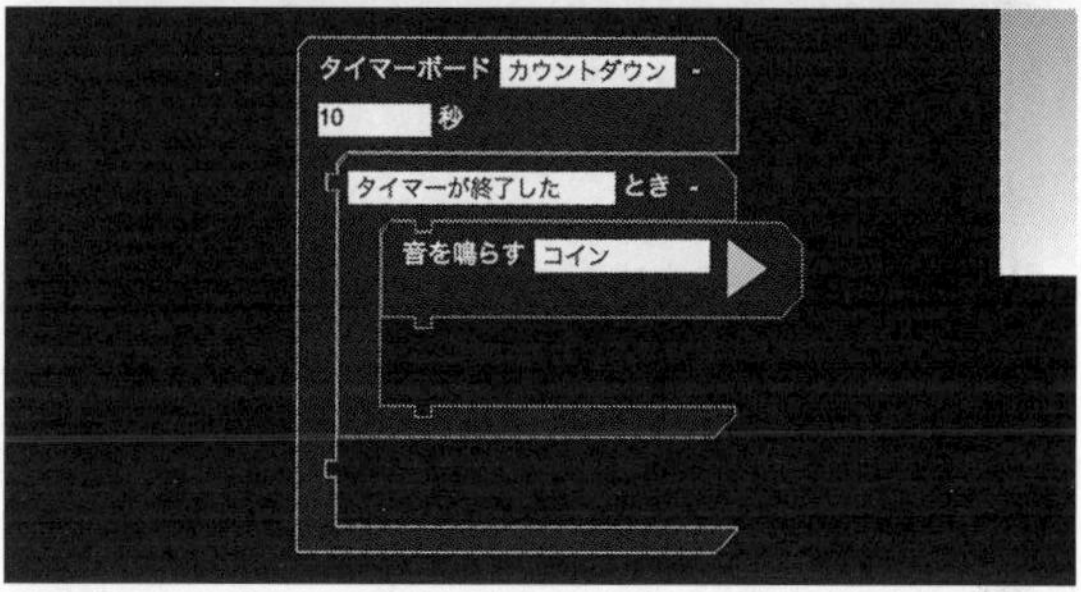

4 「リアクション」キットから「音を鳴らす」ブロックを選び、上図のようにはめ込んでください。これで「10秒後に音が鳴るプログラム」の完成。「Run」して「START」すれば、実行エリアの右上でカウントダウンが始まり、設定したタイミングで音が鳴るはず。

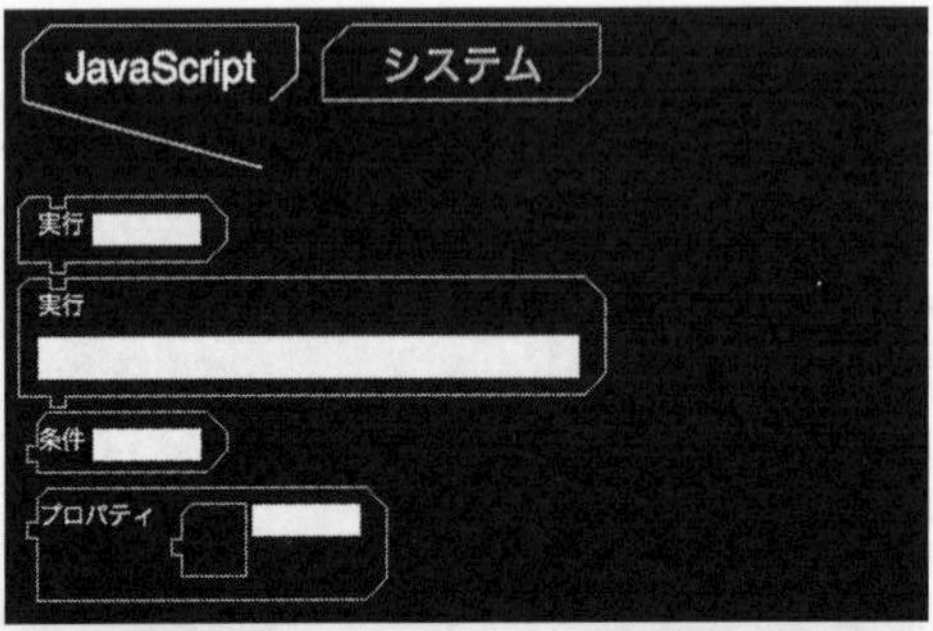

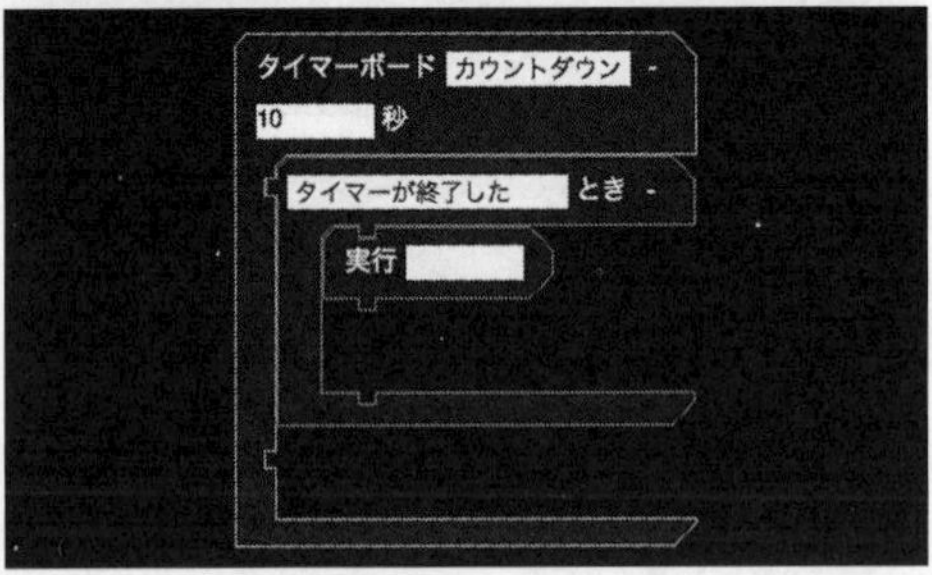

1 ここでちょっとしたいたずら、「10秒後、勝手に〈中央公論新社のサイト〉を開くプログラム」を作ってみましょう。

キットの右の方に「JavaScript」という項目があります。これをクリックするといくつかの小さいブロックが出てくるので、「実行」ブロックを先ほどの「音を鳴らす」ブロックのかわりに入れてください。

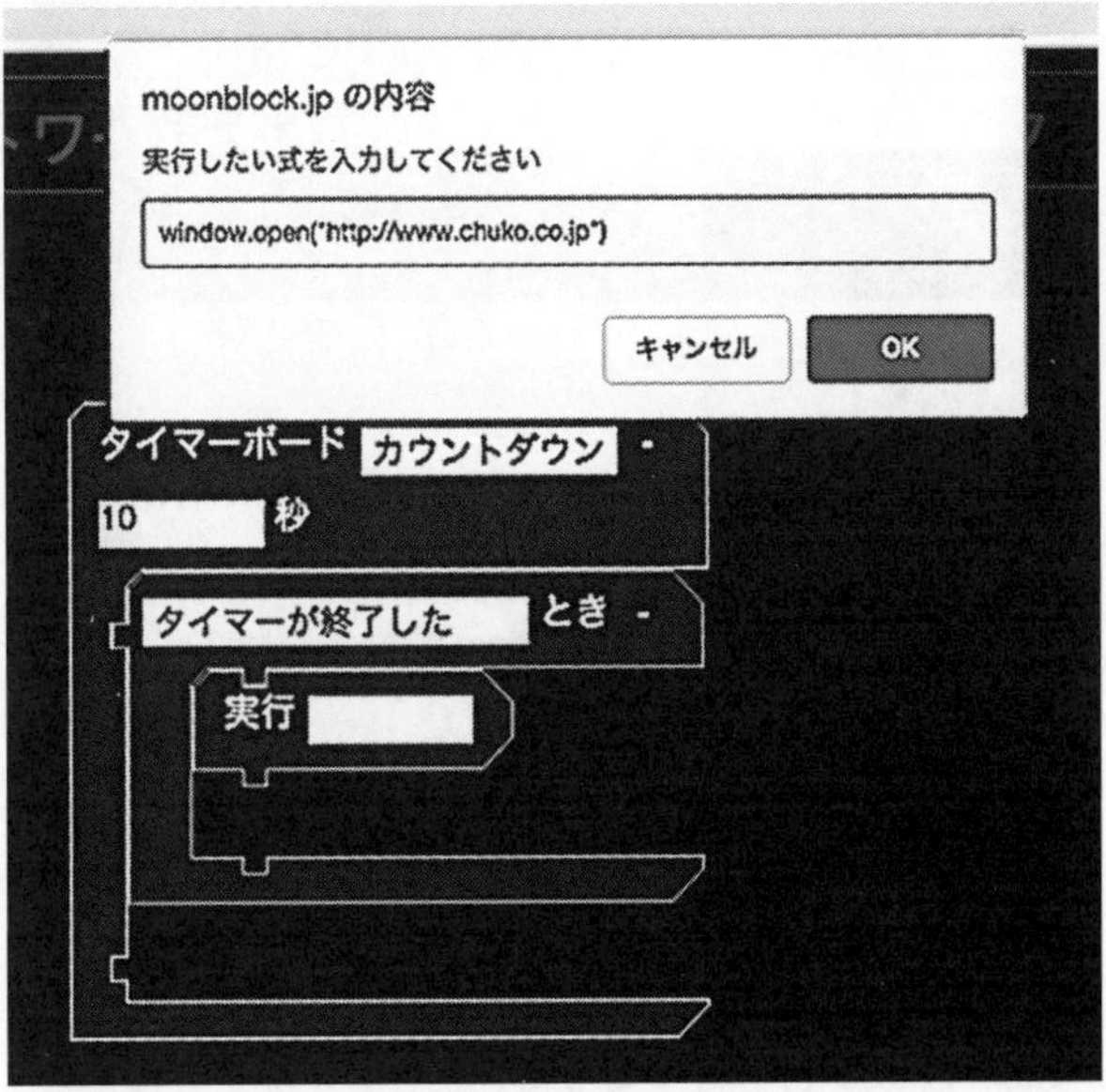

2　この「実行」ブロックはJavaScriptをそのまま書き込める、いわば禁断のブロック。これを使うと、MOONBlockだけではできないようなことでも、JavaScriptにできることなら、何でもできるようになります。

「実行」ブロックの白い空白部分をクリックし、現れたウィンドウに上図のソースコードを入力。「OK」を選んだら、「Run」して「START」してください。

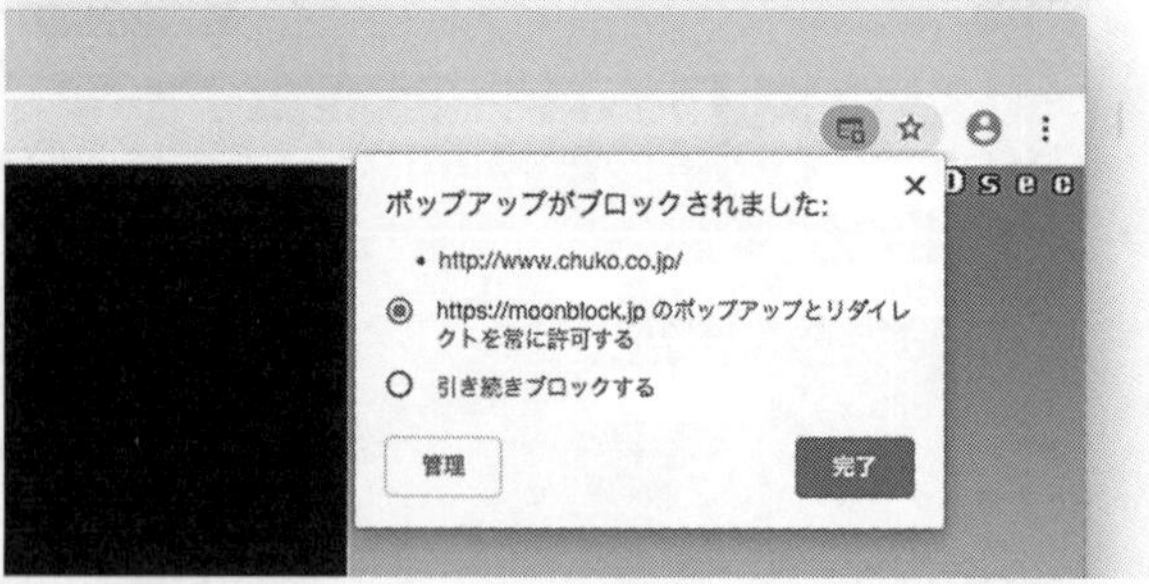

3 最初は10秒経っても何も起きないかもしれません。その場合、Chromeの場合は右上に小さくバツのついたアイコンが表示されているはず。これは新しいウィンドウをポップアップしようとしたので、ブラウザが警告を出しているのです。

「このプログラムは意図した動きである」ことをブラウザに伝えるため、バツのついたアイコンをクリックしてください。すると「ポップアップがブロックされました」という警告が出るので、「https://moonblock.jpのポップアップとリダイレクトを常に許可する」を選び、「完了」をクリック。さて、どうなるでしょうか。

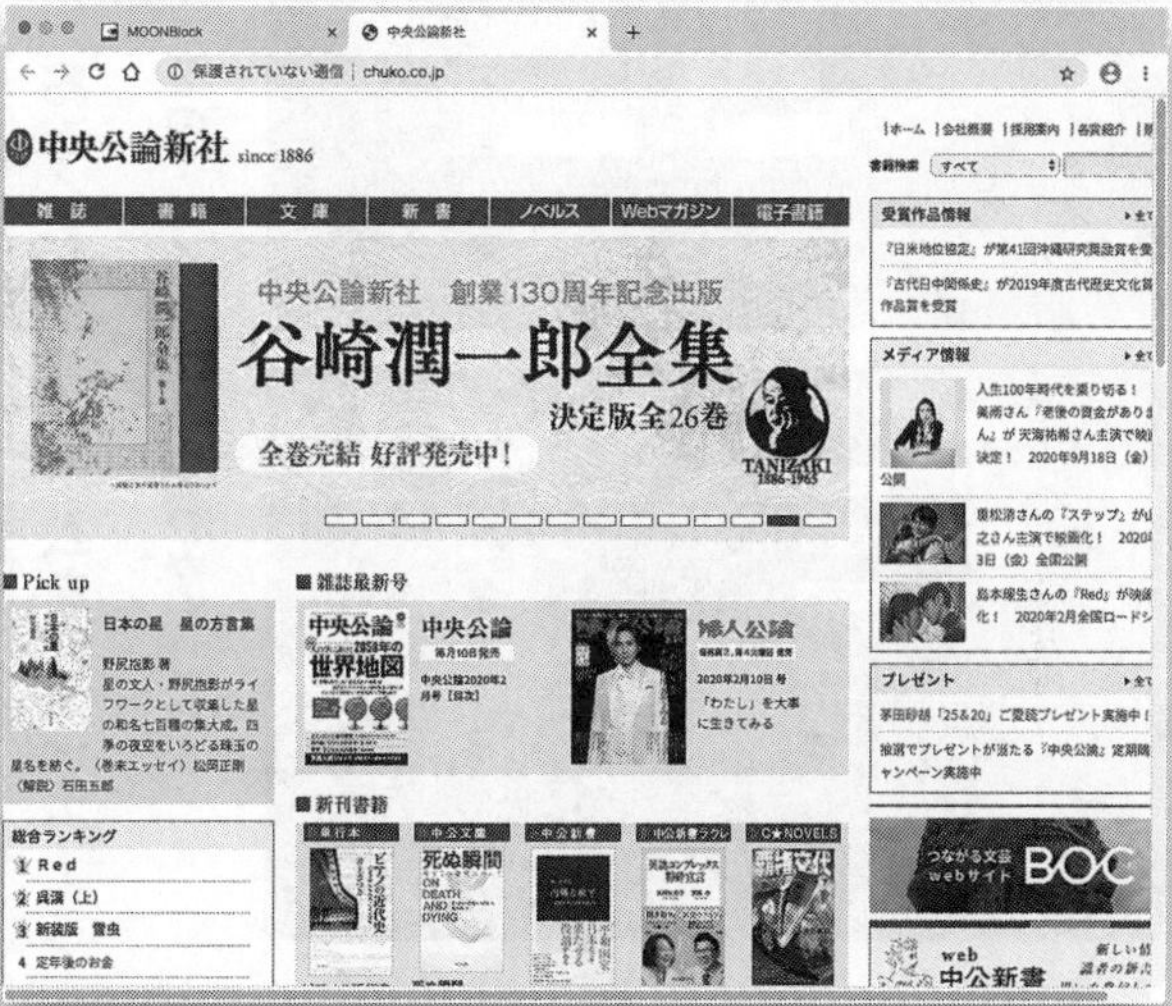

4　カウントダウンののち、勝手に〈中央公論新社のサイト〉が開きました！

このいたずら、たとえば誰かの誕生日に設定しておいて、ある瞬間にハッピーバースデーのメッセージを表示する、なんてことに応用できそうですね。

プログラミングはとても奥が深いのです。

おみくじプログラムを作ってみよう

その1■くまが占うおみくじ

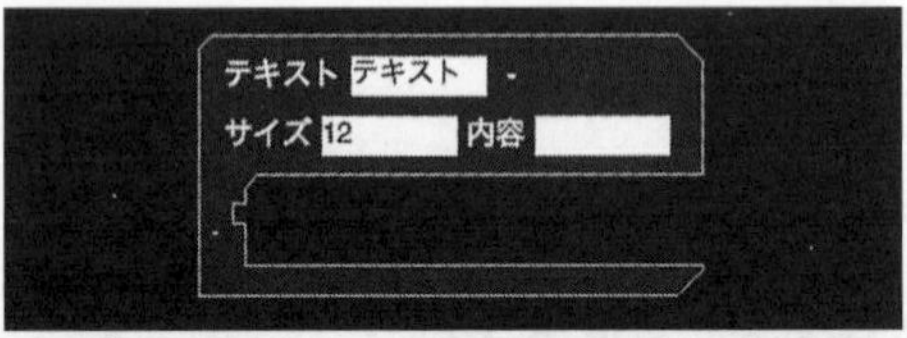

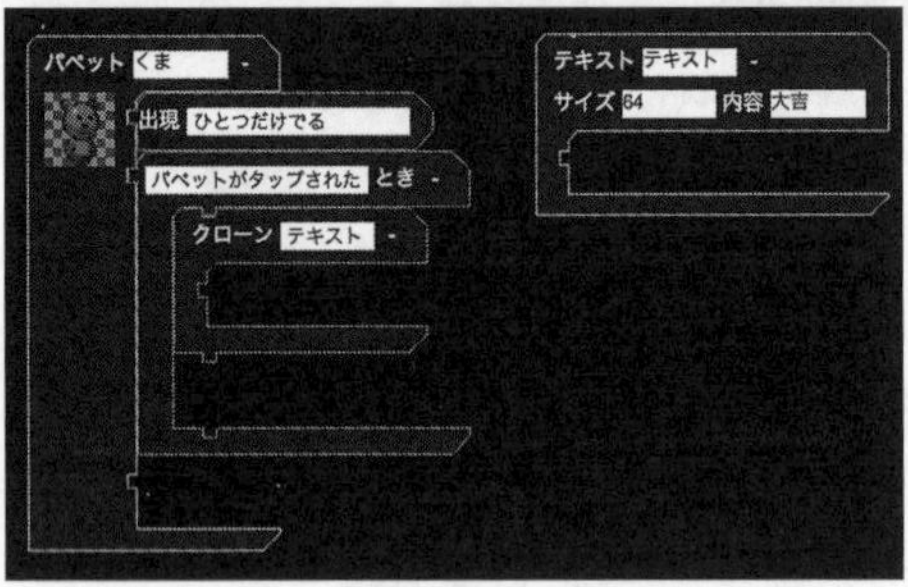

おみくじプログラムを作りましょう。

「パペット」キットから「テキスト」ブロックを選び、内容に「大吉」と記載。そこに「ビヘイビア」キットから「出現」ブロックを取り出してはめ込み、「Run」して「START」すると、「大吉」と実行エリアに表示されます。

ここでひと工夫。ブロックを上図のような組み合わせにすると、くまをクリックしたときに大きく「大吉」と表示されます。つまり、くまが占ってくれたわけです。

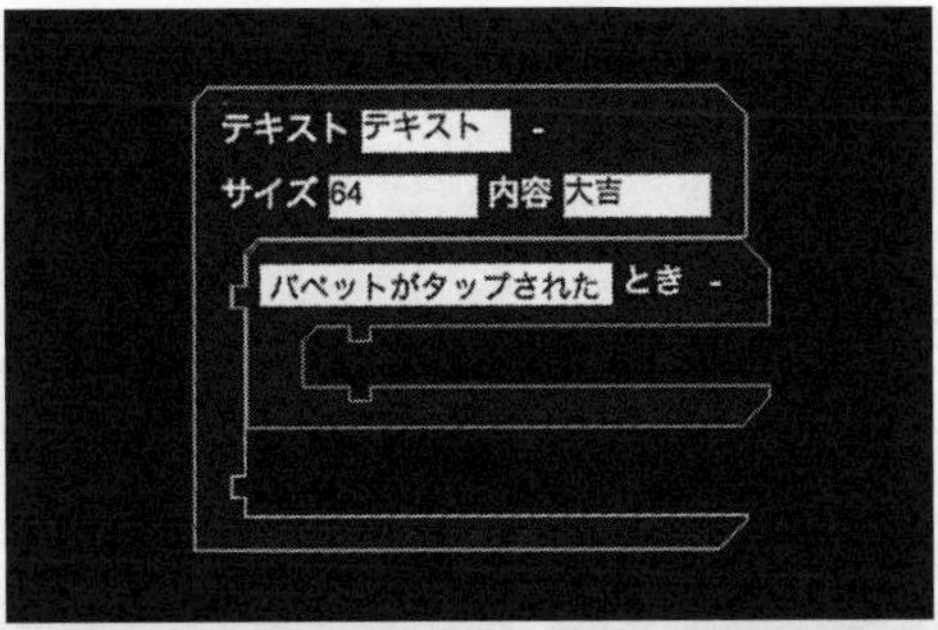

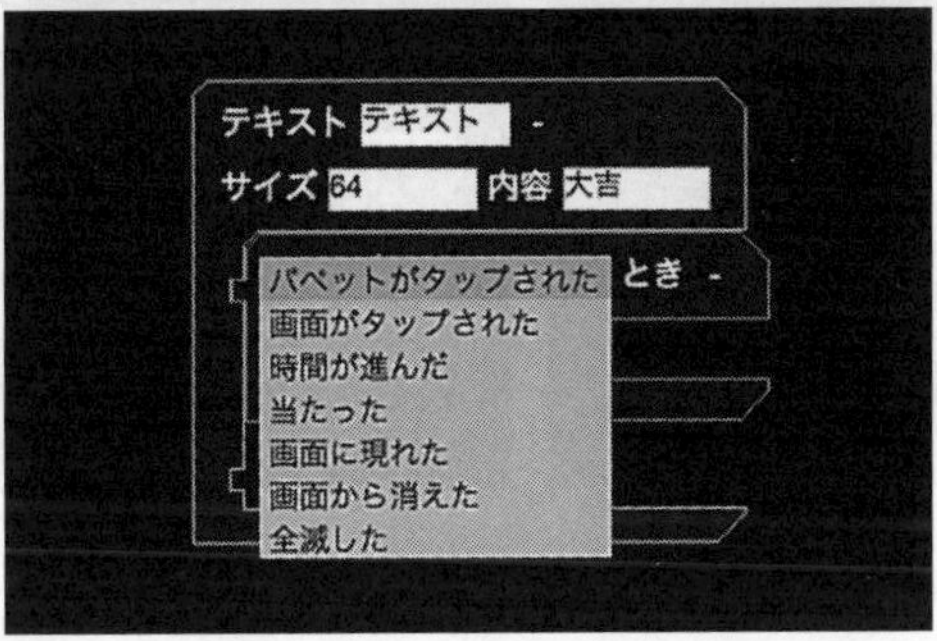

1 次に、50％の確率で大吉が大凶に変化するプログラムを作りましょう。

「リアクション」キットから「パペットがタップされたとき」ブロックを「テキスト」ブロックにはめ込み、「パペットがタップされた」の表記をクリック。「画面に現れた」に変更します。

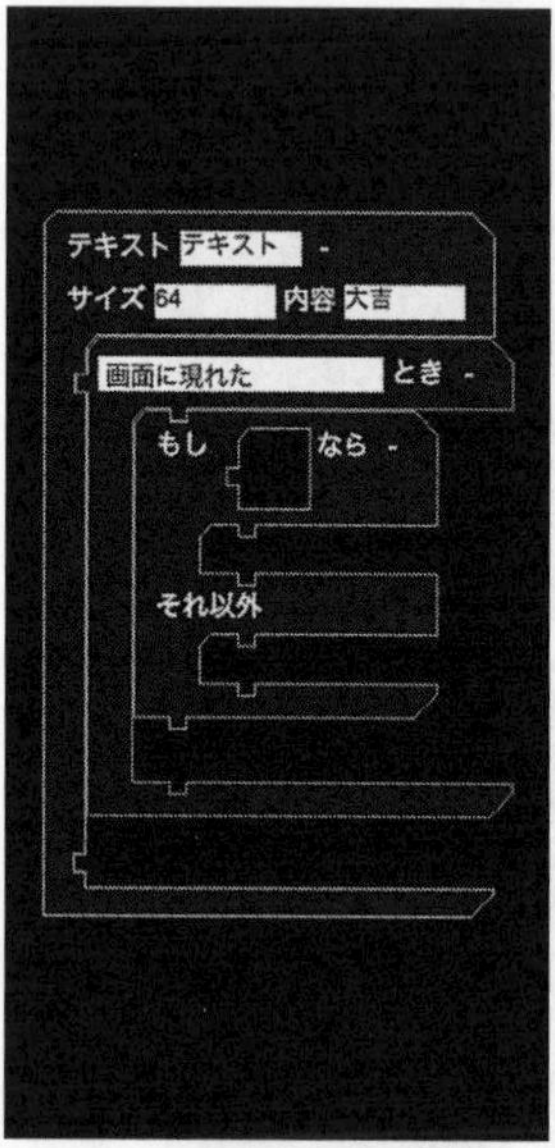

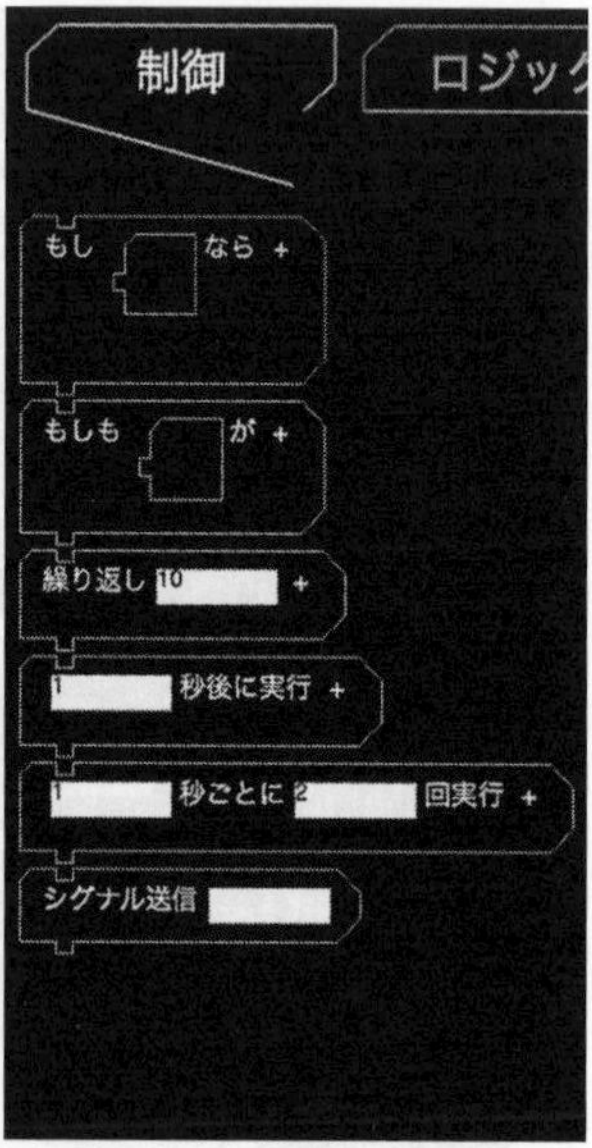

2 次に、「制御」キットから「もし□なら～それ以外」ブロックを持ってきて、「画面に現れたとき」ブロックにはめ込みます。

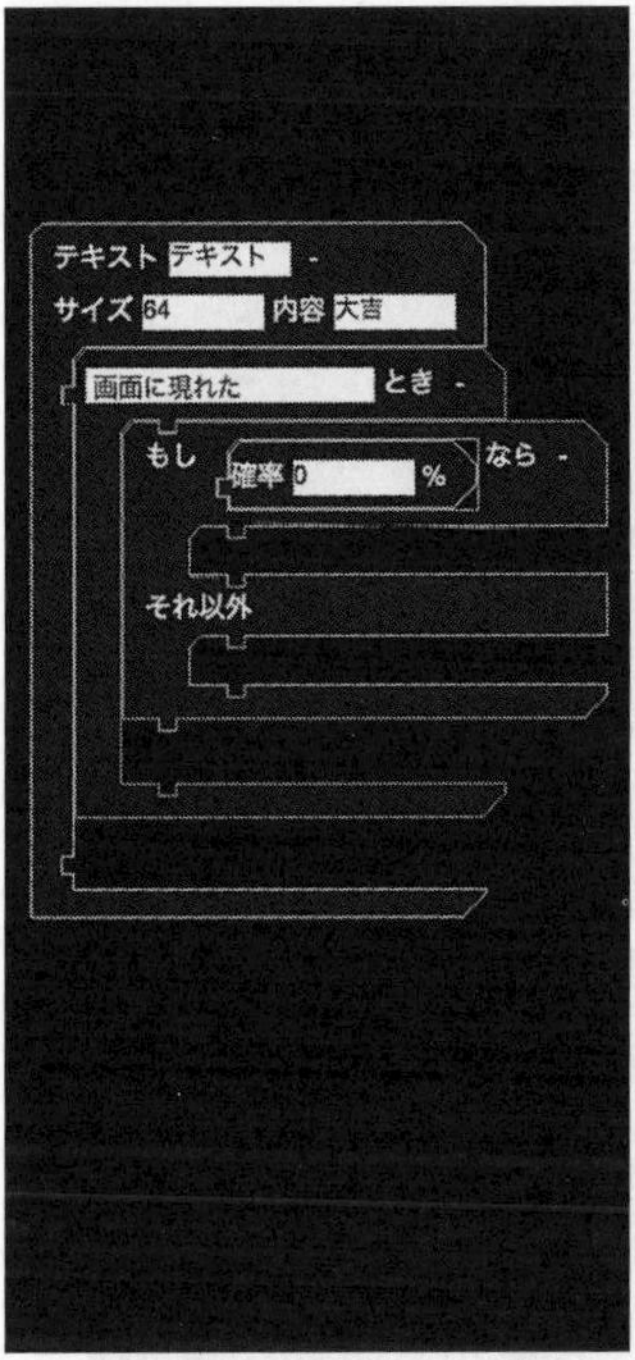

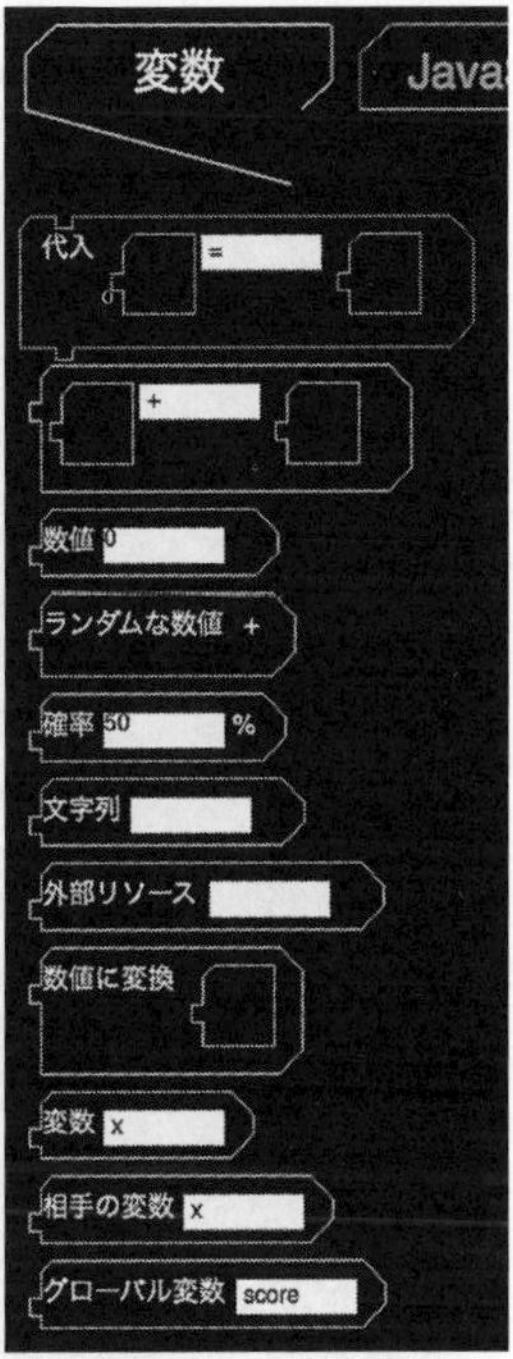

3　この「もし」の隣の部分には、「変数」キットから「確率」ブロックを持ってきてはめ込みます。さらに「確率」ブロックの数値を50％に変更してください。

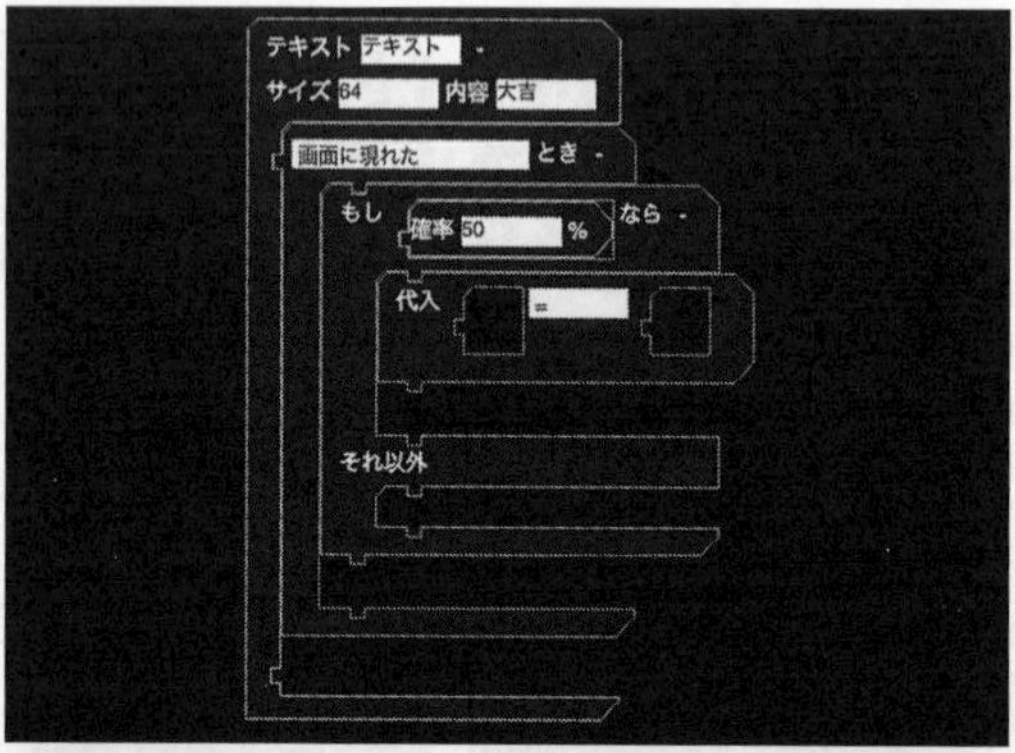

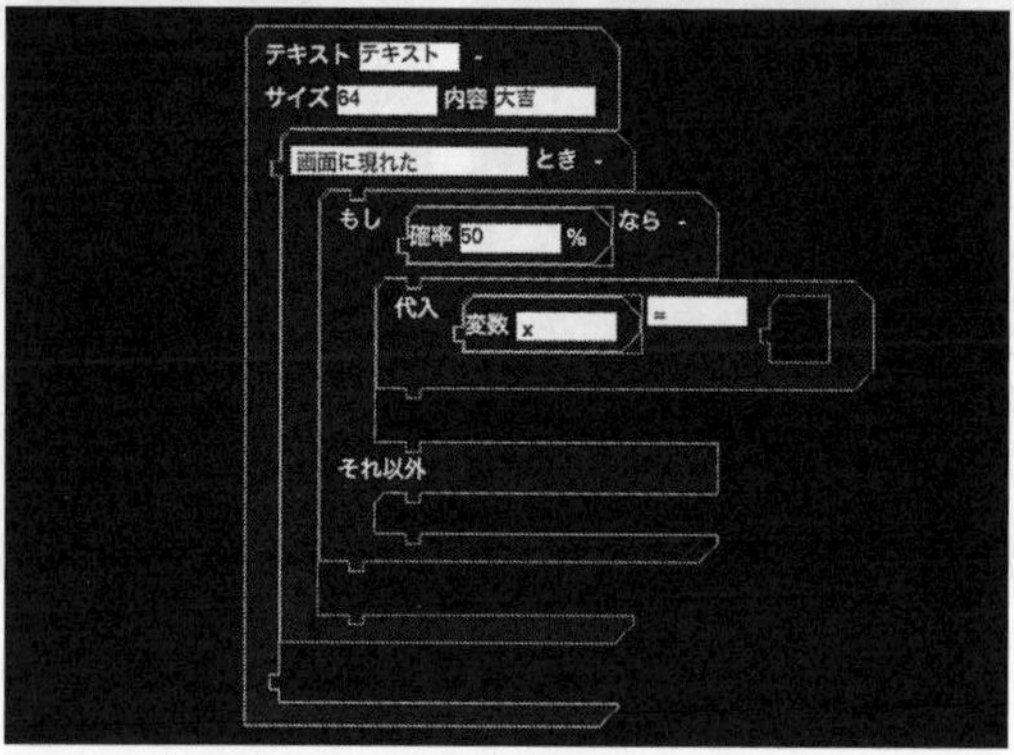

4 続いて「変数」キットの中から「代入」ブロックを「すること」の窪みにはめ込みます。さらに「変数 x」ブロックも取り出し、「代入」ブロックの左側の窪みにはめ込みましょう。

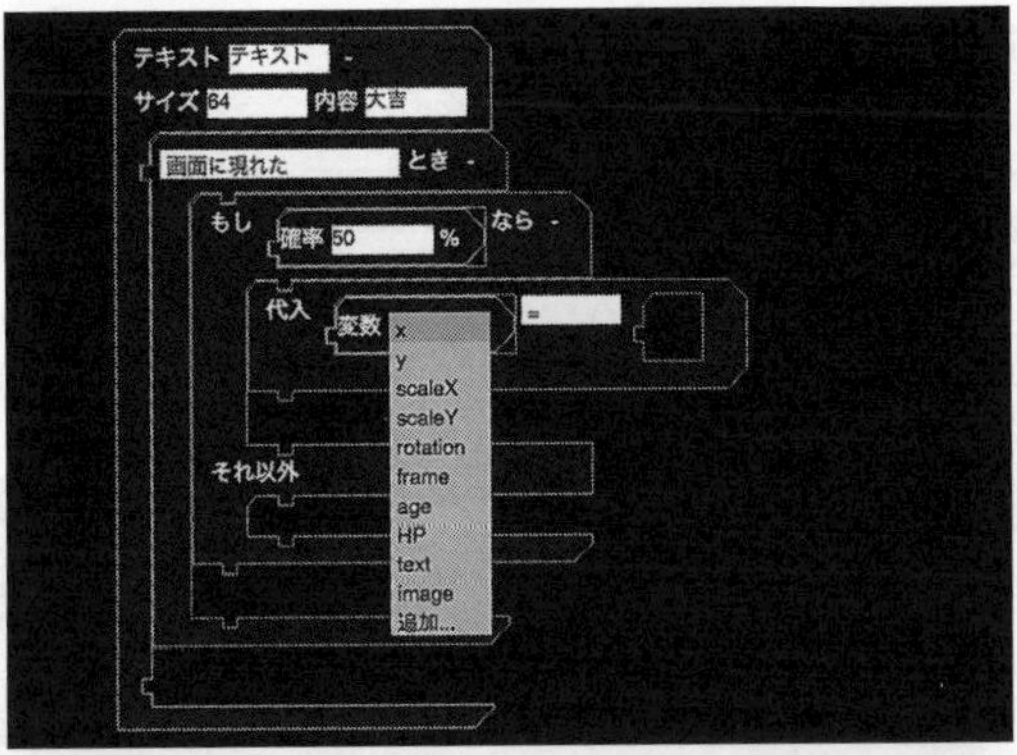

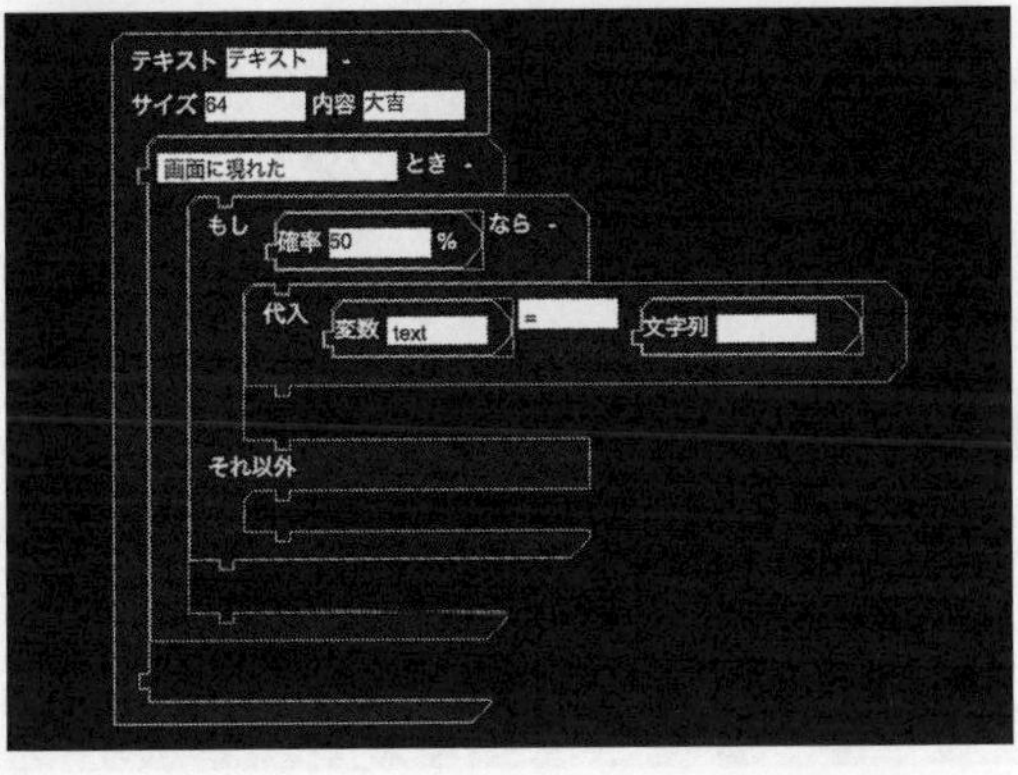

5　xの部分をクリックすると上図のようになるので、ここから「text」を選択。次に「変数」キットから「文字列」ブロックを持ってきて、「代入」ブロックの右側の窪みにはめ込んでください。

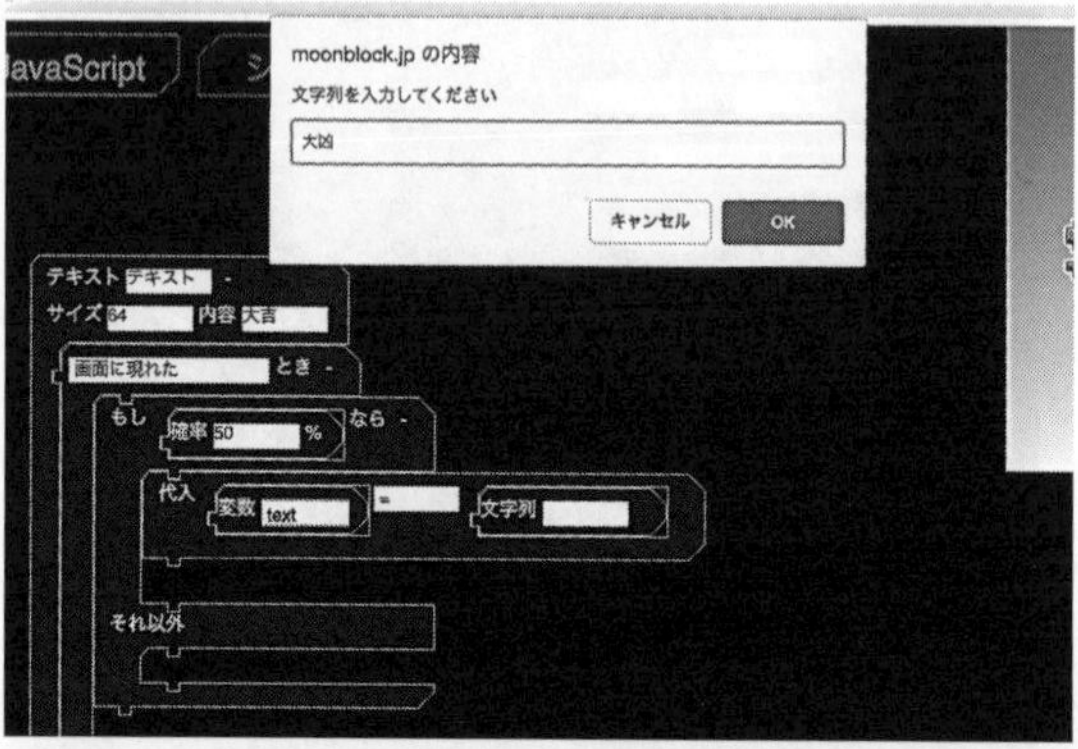

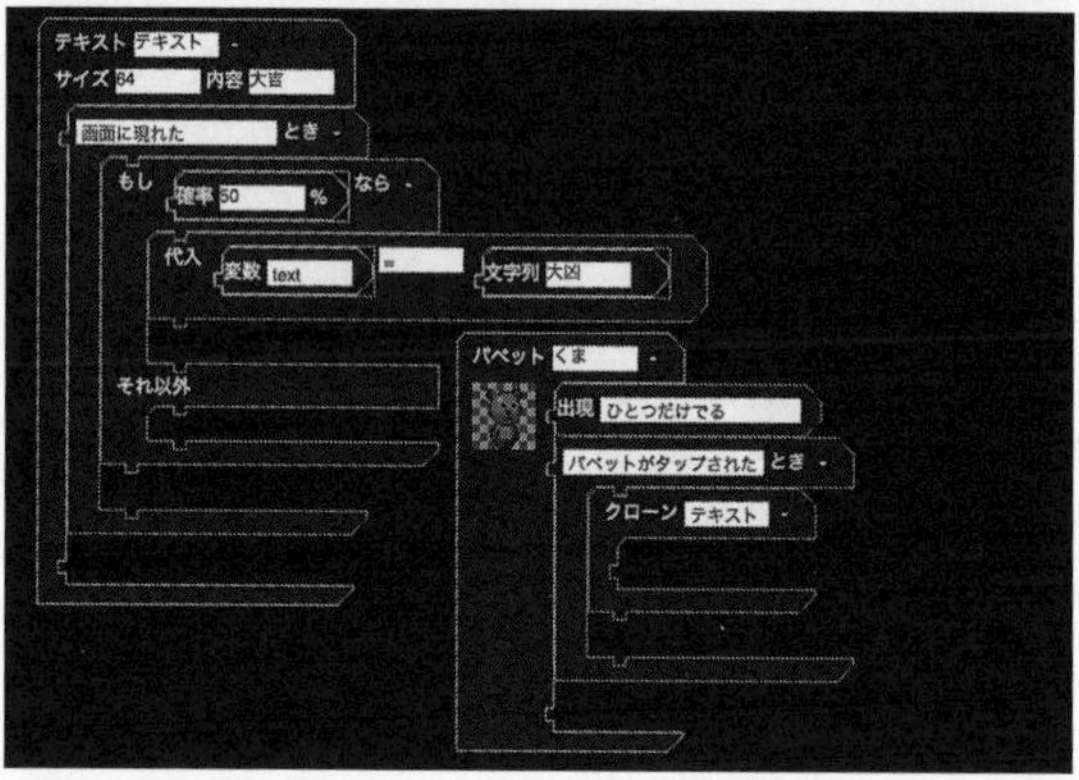

6 この文字列の空白部分をクリックして、「大凶」と書き込めばようやく完成。「Run」して「START」すれば、大吉か大凶しかでない、極端なおみくじプログラムが動き出します。

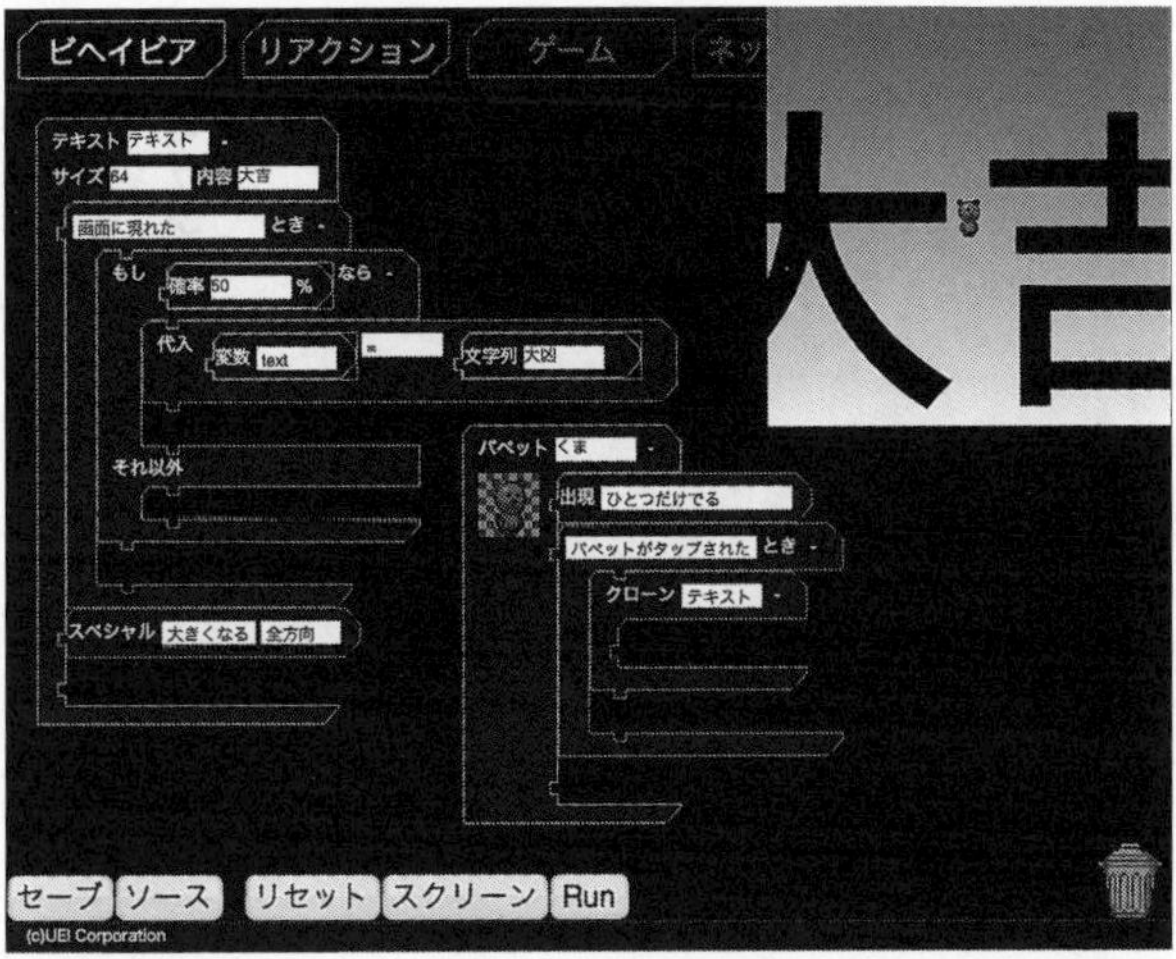

7　改めて、プログラムの全体像は上の通り。

上図では「ビヘイビア」キットから「スペシャル」ブロックを追加して、占い結果がどんどん大きくなるような演出を加えてみました。動きがあって、とても面白いですよ。

ゲームも作れます

例■クマさんのリンゴ狩りゲーム

MOONBlockではちょっとしたゲームを作ることもできます。

詳細な解説はここでは省略しますが、「クマさんのリンゴ狩り」というゲームなどが代表的です。インターネット上で検索すれば見つかると思いますが、プログラムも紹介されていますので、キットの中のブロックを組み合わせて実際に作ってみてくださいね。

MOONBlock では、このようにブロックを並べるだけで簡単にプログラムを書くことができます。そして、インターネットを検索すれば、ほかにもNTTコミュニケーション科学研究所が開発した VISCUIT（ビスケット）など、簡易に取り扱えるプログラミング言語が多数見つかることと思います。

皆さんが「プログラム」と聞いて、パッと想像するのは PHP や JavaScript のようなテキストベースのプログラミング言語かもしれません。

ただ、先ほど述べた通り、この MOONBlock もビジュアルベースなだけであって、コンピュータに指示を伝えるための言語としての役割は、全く一緒。一つ一つ命令を作り、それらを組み合わせて、稼働させる役割を備えています。

むしろ、これから先、どんどんプログラミングが簡易になると、このようなビジュアル言語が一般的になると考えられています。もっと未来になれば、コンピュータの画面を見ることもなく、あなたが立ち上がったり、座ったりするだけでプログラミングできるような時代が来るのかもしれません。

COLUMN
コンピュータの誕生と進化 4

パーソナルコンピュータの時代

パソコンはどうしてこの形なのか

それまで大型の計算機として求められていたものが、どのようにして、身近な「パーソナルコンピュータ（パソコン）」の形になっていったのでしょうか。

1963年、マサチューセッツ工科大学（MIT）に在籍していたアイヴァン・サザランドは、博士論文のための研究として、世界で最初の対話型グラフィックプログラム「Sketchpad（スケッチパッド）」を開発。Sketchpad では、それまであたりまえだったキーボードによるコマンド入力方式を覆し、ペンによって直感的に操作できるプログラムを作り上げ、各方面へ多大な影響を与えました。サザランドは88年にチューリング賞を受賞しています。

Sketchpad の登場を受け、スタンフォード研究所のダグラス・エンゲルバートは、NLS（oN-Line System）を開発。より直感的な操作を実現するマウスを発明します。この時点で、今のコンピュータに不可欠な、ウィンドウ、ハイパーテキストなどの機能も実装されることに。

さらにＮＬＳに影響を受けて、ゼロックス社が設立したパロアルト研究所では、サザランドに師事していたアラン・ケイが、現在のプログラム言語の土台となるオブジェクト指向プログラミング環境、「Smalltalk（スモールトーク）」を開発します。

Smalltalk は、それまで主流だったコマンド入力ではなく、アイコンなどを通じて指示を送る「グラフィカル・ユーザ・インターフェース（ＧＵＩ）」機能を備え、革命的なこの機能を積んだコンピュータ、「Alto」を見た二人の若き企業家へ大きな衝撃を与えることになりました。そして彼らこそがご存じ、ビル・ゲイツとスティーブ・ジョブズだったのです。

Smalltalk に触発された二人は、新製品を研究。ゲイツの「Windows」、ジョブズの「Macintosh（現在の Mac）」へとつながっていきます。

また、今ではＬＡＮと呼んでいるものの正式名称、これが「イーサネット」だということをご存じの方もいらっしゃることでしょう。このイーサネットが生まれたのも、先のパロアルト研究所。ここでは、ＧＵＩ、イーサネット以外にもレーザープリンター、さらに「ユビキタスコンピューティング」という概念までも生まれています。

残念ながらパロアルトの研究はレーザープリンター以外、ゼロックス社において大きな利益を生まなかったようですが、それらが社会にもたらした影響は計りしれません。

パーソナルコンピュータの父、アラン・ケイ

さてここまで何人かの人物が登場しましたが、その中でも80年代、最も多くのメディアに登場したのはアラン・ケイでしょう。何しろ、彼の開発したSmalltalkと、エンゲルバートのマウスとを組み合わせたコンピュータ「Alto」は、当時としては明らかに未来を先取りした研究といえたからです。

72年に彼が発表した論文「全年齢の子供たちのためのパーソナルコンピュータ(A Personal Computer for Children of All Ages)」で、個人用のコンピュータ、すなわち「パーソナルコンピュータ」という単語が初めて登場します。

当時、コンピュータといえばSystem/360のように、巨大で何億ドルもする高価なもの。あくまで大勢のユーザがかわりばんこに使う「メインフレーム」と呼ばれる使用法が一般的でした。しかしケイは、近い将来、誰もが個人用のコンピュータを持つ時代がやってくるであろうことを予見していたのです。

ケイは、きたるべき時代、全ての世代の子供たち(ここには子供心を持った大人も含まれる)がコンピュータを持ち歩き、自らの思索や表現の手助けとしてコンピュータを括用する未来を描

き出しました。左のイラストは彼自身の手によるもので、草原で男の子と女の子が協力しながらゲームソフトをプログラミングしている風景を想像したもの。

ケイは「未来で手にする機械は、まるで本のように軽くて薄く持ち運びができ、無線でネットワークに接続し、どこからでも世界中の情報にアクセスできる」という具体的なビジョンを持っていました。その象徴が、イラストの彼らが持つ架空の端末「Dynabook（ダイナブック）」です。

出典：『A Personal Computer for Children of All Ages』（Alan Kay, 1972）より

Dynabookでのプログラミングはキーボードから行い、自分で書いたイラストをそのまま取り込んでゲームを作る、といったような使い方を想定しています。

ケイは実際にDynabookはどんな形状になるか、モックアップ（模型）の作成までしていました。

初めてパーソナルコンピュータという概念を具体的に描き出した功労者として、ケイは「パーソナルコンピュータの父」と敬意を持って呼ばれています。

Chapter 5

プログラミングの未来

いよいよ最後の章となりました。

ここまでの説明で、いかにプログラミングが簡単で、それでいて身近な存在なのかがお分かりいただけたかと思います。

そこで本章では、プログラミングの未来はどのようなものになるのかを少し考えてみましょう。

もはや私たちの生活と切り離せない存在となったプログラミング。その未来の姿が見えれば、私たちの未来までもが見通せるに違いない、などと私は考えています。

プログラミングは普通の文章に近づく

プログラミングのやり方の一つとして、「スクリプティング」と呼ばれる手法が増えています。

スクリプティングとは、スクリプト（台本）を書くように、私たちが日常取り扱っているような文章を、そのままプログラムとして取り扱う手法のこと。

比較的簡易なぶん、用途が限定されることから、「C++」などのプログラミング言語と厳密な意味では異なる存在ですが、その手軽さから「スクリプト言語」と呼ばれています。

実はこれまでに名前がたびたび登場した JavaScript もカテゴリーとしてはスクリプト言語の一種。しかし、かなり高度なことまでできるため、今日では立派にプログラミング言語として市民権を得ています。プログラミング言語とスクリプト言語の中間として、「DSL（ドメイン特化言語）」というものも生まれるなど、言語の種類は日に日に増え続けるばかりです。

ここでスクリプト言語の事例を見てみましょう。

たとえば、「アトラスX」というスクリプト言語では、上記のように、ごく普通に使う言葉（自然言語と呼びます）と近い表現でプログラミングすることが可能です。

```
プロローグ = function(){
    台詞("どっちに行く？");
    選択肢("西へ",西の画面);
    選択肢("東へ",東の画面);
};
西の画面 = function(){
    画像("west.png");
    台詞("わー、関西にきた");
    次へ(プロローグ);
};
東の画面 = function(){
    画像("east.png");
    台詞("わー、関東にきた");
    次へ(プロローグ);
};
```

「アトラスX」によるプログラミング例

この例を見ただけで、おおよその動作は想像できるのではないでしょうか。

このアトラスXは、JavaScriptをベースとして構築した「ノベルゲーム」などに適した スクリプト言語です。

今では本格的なスクリプト言語がたくさん開発されているので、とっつきにくいプログラミング言語から無理に学ばず、まずはこうした簡易な言語から入ってみるのも、プログラミング技術習得への近道かもしれません。

小学校でプログラミングを学ぶ時代

パーソナルコンピュータの父といわれるアラン・ケイが開発した世界初のオブジェクト指向プログラミング言語、「Smalltalk」。

オブジェクト指向とは、ソフトウェアの設計や開発において、操作手順よりも操作対象に重点を置く姿勢を指し、今では非常にスタンダードな考え方ですが、その元祖であるSmalltalkでは子供がプログラミングをすることが最初から想定されていました。

Smalltalkはその後、アラン・ケイ自身の手によって「Squeak」として発展。さらに

Squeak をベースとした「Etoys」という、子供がプログラミングを学習する環境が開発されることになります。

近年では、よりプログラミング教育に特化した「Scratch」と呼ばれるプログラミング学習環境がマサチューセッツ工科大学（ＭＩＴ）のミッチェル・レズニック教授によって開発されました。

Scratch は簡単に覚えることができて、かなりバラエティに富んだことができるため、世界中でプログラミング教育に利用されており、日本でも有志によって子供にプログラミングを教える試みが行われています。

なお子供たちにプログラミングを教えようという試みそのものは、１９６７年、シーモア・パパートらが児童の思考能力向上のため、「LOGO」という言語を開発したことからすでに始まっていました。

このように多くの開発者が、子供がプログラミングをする、ということを意図して言語を生み続けていることから、算数や国語と同じように、「プログラミング」を日本の小学校で学ぶのもそんなに遠い日ではないのでは、とこの本を最初に刊行した２０１４年に筆者は記しました。そして増補版を刊行する２０２０年、それは〝必修化〟という形で、いよいよ現実のものになろうとしているのです。

バグが無いことを証明するプログラミング

プログラミングの世界では、今も昔もバグが付きもの。

しかしここに来て「バグが無くなる」という、これまでの常識を覆すような段階に移りつつあります。「定理証明支援系言語」と呼ばれるジャンルのプログラミング言語の登場がその理由です。

通常、プログラミングの過程ではバグをつぶすために「デバッグ」というテストを行います。

開発したプログラムが大規模であればあるほど、デバッグにかかる費用と時間は膨大なものになります。世界的ソフトウェアメーカーがデバッグを幾度も繰り返し、入念に行ったとしても完璧に無くすことが限りなく不可能に近い論理的矛盾、それがバグです。

そもそもなぜバグは発生するのでしょうか。

プログラマーの間で流通している格言に「プログラムは思った通りに動かない」というも

のがあります。ただしこの格言はこれだけで終わらず、後ろにはこう続きます。「書いた通りに動くのだ」。

バグが混入する原因、その多くはプログラムそのものの問題というより、それを作成したプログラマーの思い込みや勘違いに起因しています。

プログラムには、最初から最後まで「これを指示したい」「これをさせたい」という姿勢、いわば一貫した論理性が必要になりますが、残念ながら人が持つ論理性にはそもそも限界や矛盾が存在しています。

明らかな打ち込みミスや誤りは、エラーメッセージなどですぐに見つけることができるかもしれません。しかし、プログラマーの思い込みなどに起因する、もっと根本的で大きな間違いになればなるほど、いくらテストを重ねても見つけられないのです。

ようやく製品がリリースされた後、企画者の想定と違う挙動をしているのに気付いて、現場の担当者に確認をすると、「それが正しいものだと認識していた」などという、人と人の間に生じた勘違いからのミス。こういったことは現実に多く見られます。

残念ながら人は、プログラムやコンピュータが要求するようなレベルにまで到達する、高度な論理性を兼ね備えていません。しかし、人間は素晴らしい論理的思考のための道具を持っています。それは「数学的証明法」です。

新しい命題を証明するため、すでに正しいと分かっている命題を重ね、答えにたどり着く数学的証明法の凄いところは、それは世界中の誰が、いつ、どの時点で見ようと、別の解釈の余地が無いことにあります。

つまり、数学的証明法を使うことで、「正しい」「整合性がある」ということを客観的に説明できるのです。

読者の皆さんも数学の授業などで学んだと思いますが、「ある理屈（ロジック）が、論理的に矛盾していない」ことを客観的に説明することを、「証明」と呼びますよね。

もしも、あるプログラムを使うことで、「論理的に矛盾していないプログラム」の存在を「証明」できれば、デバッグに関わる時間を大幅に節約できるだけでなく、いくらデバッグを繰り返してもたどり着かない「バグが無いプログラム」の証明を行うことができる。これが定理証明支援系言語と呼ばれるプログラミング言語のベースとなる考えです。

バグの無いプログラムを書く方法、またはプログラムにバグが無いことを証明する方法、これらが実現するならば、プログラマーにとってこれ以上素晴らしいことはありません。費用も削減できるし、かける時間も減らせるわけで、全てのプログラムがそのように書かれるべき！　などと思うわけですが……。

残念ながら今の時点では、単にプログラムを書くことより、バグが無いことを証明するプログラムを書く作業の方が圧倒的に大変なのが現実。その対象がたとえば「足し算をする」というような、単純なプログラムであってもとても難しい。

しかし、プログラム全体に誤りが無いのを証明するのが難しくても、たとえば「暗号化」や「認証」など、矛盾が生じてはならない部分に関してのみ、この定理証明支援系言語を使ってプログラムを書き、「少なくともこの部分にバグは無い」ことを証明するだけで、その周辺の開発はずいぶん楽になるはず。

この言語開発がさらに進んでいけば、全てのプログラムが正しいかどうか、自ら「証明」するようになり、いつの日かプログラマーが「バグ」の存在を忘れるような日が来るかもしれません。

触《さわ》れるプログラミング

コンピュータとユーザとのコミュニケーションを司《つかさど》る部分、これを「ユーザインターフェース（ＵＩ）」、または単に「インターフェース」と呼びます。

今、一般的に用いられているのは、「グラフィカル・ユーザ・インターフェース（ＧＵＩ）」と呼ばれるもので、これはマウスやタッチパッドを介して、画面上のシンボル（アイコンやウィンドウなど）を指し示し、操作する方法のこと。

ＧＵＩのコンセプトは意外と古く、コラム４で紹介した、１９６０年代にエンゲルバートが開発したＮＬＳが最初といわれています。なお、このときエンゲルバートが発明した、アイコンを指し示すための機械がマウスの元祖。

しかしＧＵＩがより広く一般に普及するためには、それから20年近くも後の１９８４年の「Macintosh」、そしてさらに10年後、95年の「Windows95」の登場を待たなければなりませんでした。

さて、そんなＧＵＩに対して、キーボードのみで指示を与える操作のやり方を「キャラクター・ユーザ・インターフェース（ＣＵＩ）」と呼びます。

ＣＵＩは今でも遠隔地にあるサーバを動かしたり、コンピュータに詳しい人がキーボードだけで全ての処理を完結させたいときなどにしばしば用いられています。

こうした「画面上の指示」が中心となるＧＵＩ、ＣＵＩに対し、「現実の空間にある（タンジブル）」ものを触って、動かすことによってコンピュータを操作しようというやり方に「タンジブル・ユーザ・インターフェース（ＴＵＩ）」というものがあります。

世界で初めてＴＵＩを提唱したのはマサチューセッツ工科大学のメディアラボにて現在副所長を務める石井裕教授。彼はそれまで見過ごされがちだった身体感覚をコンピュータの操作に応用しようという研究を重ねています。

ＴＵＩの例として、石井教授による「クリアボード」という発明があります。

クリアボードは、一見すると透明な板ですが、実は遠隔地と通信しており、まるでガラスを挟んで相対しているかのように、ボードの向こう側にいる相手の顔を見ながら、図を書いたりジェスチャーで指すなどして、コミュニケーションが図れるというもの。

キーボードやマウスに制約されることなく、人本来の視線やジェスチャーといった表現力をそのまま適用できるこの機械は、新しい時代の「インターフェース」の一例として注目を集めました。

「サブリメイト（Sublimate）」と名付けられたデモでは、実際に触って、つまんで引っ張ったり、押してへこませたりすることができるボードの上に、コンピュータグラフィックスを合成して、コンピュータ上の虚像をあたかも実際に触っているかのような感覚をユーザに与えています。こうすることで、今までのインターフェースでは難しかった、触感や形、大きさといったものを再現することに成功しています。

その後、石井教授はＴＵＩをさらに進めた「ラディカル・アトムズ（Radical Atoms）」というインターフェースを開発し、コンピュータグラフィックスによる物理世界（Atom）と機械によって再現された触感を融合させた新しいタイプのインターフェースを試しています。

たとえば積み木を組み上げるように、ＴＵＩだけでプログラミングができる時代もそう遠くないのかもしれません。

この世の全てをプログラミングする

Chapter 1 で紹介した慶應義塾大学の増井教授。現在は「全世界プログラミング」の研究に没頭しているそうです。しかし怪しげなその名称だけでは全くその姿が想像つきませんよね。さて「全世界プログラミング」とは、いったい何なのでしょうか。

ここで改めて、現実世界で動くプログラミングを想像してください。

たとえば目覚まし時計の設定。分かりやすいプログラミングの好例として、Chapter 1で紹介しましたよね。

教授は他に、現実世界におけるプログラミングの実例として、次のようなものを指摘しています。

部屋に人がいない場合、テレビを消す
部屋に人がいない場合、目覚ましを鳴らさない
ビールがなくなったら注文フォームを表示する
眠ったら照明が消える
夜になると空気清浄機が静かになる
汚れたらトイレが自動的に洗浄される

こうした、自動的に機械に処理してもらってもかまわないことを、キーボードからプログラミングするのではなく、現実世界にセンサーや道具を配置することでプログラミングしようというのが、全世界プログラミングなのです。

実際、増井教授は「フィジェット（Phidgets）」という機械とコンピュータを組み合わせたツールキットを用いて、こうした全世界プログラミングの実験を行っています。テレビやビデオデッキの配線と同じような感覚で身の周りにあるさまざまな機器がつながり、こうしたことが簡単にプログラミングできる日がやってきたら、私たちの暮らしはもっと便利になることでしょう。

「能力の図書館」から自由に能力を借りる未来

この章の最後にコラムとして詳しく記しましたが、現在、人工知能が目覚ましい進化を遂げています。それでは、人工知能がこのまま進化を続けていくとどんな未来がやってくるでしょう。それを考えたとき、もしかすると「今学校などで勉強していることの多くが、勉強しなくてもよくなる」という未来はありうると筆者は考えています。

そもそも、勉強とはなんのためにするのでしょうか。

その目的として、自分には無い能力を身に付けるため、ということがあるでしょう。

英語の参考書を読む目的は「英語を使えるようになりたいから」で、教養書を読む目的は、

「教養を身に付けたいから」です。そして実際、世の中のほとんどの本は、何らかの「能力を身に付ける」ための本と、単に「楽しみ」のための本に大別できます。

しかし実際には、「楽しみ」のための本の代表である小説であっても、それを読むことで、自分の中に何かの知識や能力を獲得することが隠された目的になっていないでしょうか。もしくは、楽しんで獲得した能力こそ、実は「教養」と呼んでいるのかもしれません。

いずれにせよ、これから人類が「能力を身に付けるために勉強する」機会はなくなっていくでしょう。かつて、遠く離れた人に文字でメッセージを伝えるには、電信技師の免許が必要でした。でも今はメールやアプリを使って、誰もが地球の裏側にいる人にもメッセージを送ることができます。この先、自動運転が普及すれば、運転免許が無くとも自動車で好きなところに行くことができるようになるはず。ヘリコプターや飛行機のように操縦が難しいものですら、いずれそうなると思われます。

つまり、何かをこなすために「身に付けたい能力」は、何らかの形をした「能力の図書館(Library of Abilities)」に予め格納されていて、人々は、そこから自分の必要な能力(Ability)を必要なときに借りてきて使えばいい、ということになります。英語の自動翻訳などは最たるものでしょう。

この発想は、もともと東京大学大学院の暦本純一教授が「Internet of Abilities（能力のインターネット）」というコンセプトを提唱していたことからヒントを得、筆者が考えたものです。しばらくは自動運転や翻訳、数学的能力、各分野の専門知識での開発が進むかもしれませんが、いずれさまざまな能力、たとえば魅力的な絵を描くとか、感動するストーリーを考えるとか、読みやすい文章を書くとか、プロ顔負けのカメラワークとか、そういう範囲にまで開発が進み、能力が収納されていくはずです。

そしてこうした思想を「人間拡張学（Human Augmentation）」と呼びます。

いずれくる未来、あなたはどんな能力を拡張してみたいですか？

コンピュータが人類の思考能力を超える日

ここでコンピュータの未来についても一つお話ししましょう。

ノイスとともにインテルを立ち上げたゴードン・ムーアは、1965年、非常に重要な法則を提唱します。いわゆる「ムーアの法則（Moore's Law）」と呼ばれるものです。

ちなみにムーアの法則を簡単にいうと、「集積回路上のトランジスタ数は18か月ごとに2

倍になる」ということ。

法則に追い立てられるように、インテルはもちろんのこと、世界中の技術者が、「18か月ごとに2倍」を合い言葉として技術向上に励むことになりました。

そしてなんと今日まで、この法則はほぼ的中し続けています。

集積度が上がるということは、同時にトランジスタあたりの単価が下がるということも意味します。つまり、性能はどんどん向上するけれども、値段は上がらず、むしろ大量生産によって下がっていくことになります。

この法則が示すように、1965年と現在を比較すると、飛躍的に進歩した高性能なコンピュータが、しかも驚くほど安価で手に入ることになりました。

確かに、あのNASAですら5台しか買えなかったIBMのSystem/360と比べ、その1000倍以上の性能を持つコンピュータを、今は小学生でも所有できる時代となっています。わずか50年足らずの間に凄い速度の進歩が起きたことの象徴でしょう。

ところでこのムーアの法則、これまで集積回路の進歩と順調に歩みを揃えてきたのですが、近年になって「2020年より前にはとうとう崩壊してしまう」といわれてきました。そして、このことはムーア自身も認めています。

どういうことかというと、集積度が倍増を続けていくと、トランジスタのサイズが分子レベルを割り込んでしまうほど小さくなり、物理的限界を迎えてしまう。つまり、ムーアの法則はここで限界を迎えるというわけなのです。

しかしこのムーアの法則に新しい解釈を加えた人が現れました。それは発明家でもあるレイ・カーツワイル博士です。

博士は「ムーアの法則があてはまるのは集積回路だけではなく、生物の進化も同様のプロセスをたどる」と提唱し、この考え方は「収穫加速の法則」と呼ばれています。

その法則によれば、単細胞生物から多細胞生物への進化、単体生殖から雌雄生殖への進化、そして言語の発明や社会の形成、活版印刷、コンピュータの発明まで、人類の歴史にとって重要な事象の全ては、ムーアの法則に近しい頻度で起きているといいます。

これまでその進歩は何世代にもわたっていたため、その速度が見落とされてきたのですが、近年、コンピュータの急激な進歩が私たちの目前で起きているため、その速度が急加速していくことを実感できるようになったのでしょう。

それではこのまま発展していくと人類はいったいどうなるのか？　カーツワイルはこうもいっています。

「20年代半ばまでに人間の知能をモデル化したソフトウェアが開発され、2027年頃までに、人間の脳の全ての領域の働きについて、詳細に理解できるようになる。分子レベルのナノボットと呼ばれるロボットが人体で無数の役割を果たし、結果、加齢を逆行させることまでもが可能となる」

ちょっと話が飛躍しすぎていて荒唐無稽にも感じますが、ここ50年の社会の変化を考えてみると、私にはあながち夢物語とも思えません。

誰でも開発できる環境を目指して

プログラミングの未来を考えるうえで、歴史を振り返ってみましょう。

かつて「HyperCard（ハイパーカード）」というソフトがありました。開発したのは初代 Macintosh の開発にも深く関わったビル・アトキンソン。彼は子供からお年寄りまで使える、敷居の低い開発環境を作ることを夢見てこのソフトを開発しました。

1980年代後半から90年代前半当時、Macintosh に標準装備されていた HyperCard は、画面一枚一枚を「カード」と見立て、データを載せたそれらのカードを接続できる「ハイパーテキスト」と呼ぶ仕組みを備えていました。

HyperCardを使って作られたコンテンツは「スタック」と呼ばれます。スタックそのものは誰にでも簡単に作れたため、主婦が子供に読ませるために作った手作りの絵本から、家計簿やレシピ集、ワインのデータベース、本格的なゲームソフトに至るまで、たくさんの人が、次々とスタックを生み出すことに。HyperCardでスタックを作成した人たちの数は一説には400万人にものぼるといわれています。

ところが、隆盛を誇ったはずのHyperCardも突然終焉を迎えてしまいます。閉じた世界のスタックより、開かれた世界であるインターネット上でのハイパーテキストの方が一般化したことや、Appleにスティーブ・ジョブズが復帰し、開発を打ち切ったなど、原因は諸説ありますが、2000年には開発チームが解散してしまいました。

HyperCardの影響を受けたといわれるアプリケーションは多く、今やプレゼンには欠かせない「PowerPoint」や、インターネット黎明期に一斉を風靡《ふうび》した「Adobe Flash」などがあります。

サポートが打ち切られた現在も愛用している方も少なくなく、開発終了後に第三者から「SuperCard」という、上位互換のソフトまでリリースされています。

もう一つ、HyperCard と同時期、日本で生まれた思想についてもここで紹介しておきましょう。

東洋大学の坂村健教授は、理想的なコンピュータ・アーキテクチャの構築を目的とし、１９８４年に「TRON（トロン。The Real-time Operating-system Nucleus の略）」の開発をスタートします。そしてデスクトップパソコン向けＯＳとして作られたのが「BTRON（ビートロン。Business TRON の略）」でした。

BTRON は、一見すると今の Windows や Mac OS に近いデザインをしていますが、その思想は全く異なり、実身《じっしん》／仮身《かしん》モデルと呼ばれる特殊なハイパーテキストを実装しています。

あらゆるデータは実身と呼ばれるデータの本体を持ち、そのデータを表示したり埋め込んだりするために仮身を使うという仕組みで、これは非常にスムーズに、しかも高度なハイパーテキストを実現できる方法として注目を集めました。

しかしこのアイデアは感覚的に本質を理解するまでに時間がかかることや、ソフトウェア先進国であったアメリカからの外圧など、いくつかの要因もあり、残念ながら一般に普及するまでに至りませんでした。

このように誰もができる開発環境作りを目指して進んできたハイパーテキストの概念、そしてHyperCardやBTRONなどの試行錯誤を経た結果、実現したハイパーテキストの最終形が、現在Webブラウザなどで用いられている「HTML」なのです。

「enchantMOON」という一つの挑戦

誰もが開発できる環境作りを目指したソフトウェア、HyperCardに影響を受け、筆者らが2013年に世に送り出したのが、ペンと指だけでハイパーテキストを組むことができ、そしてプログラミングをすることまで実現した端末、「enchantMOON」です。

この端末には、専用のペンの接触を高精度に読み取るデジタイザーが内蔵されているので、ユーザは単純に「お絵描き端末」として使うことが可能です。

そして画面に描いた文字やイラスト、それらの好きな部分を指で囲めば、そこがボタンとなり、そこから他のページへHyperCardのようにハイパーリンクを張ることが可能に。直感的な操作を実現しています。

リンクを設定したボタン、これをenchantMOONでは「シール（sticker）」と呼びますが、シールを再び指で囲むと「Hack」というメニューが現れ、それを指でタップすれば、今度はプログラム開発環境の「MOONBlock」が立ち上がります。そしてMOONBlockを介し、すでに組み込まれているプログラムを直接見られるようになっています。

たとえば先ほどの指で囲んでハイパーリンクを張る過程であれば、「タップされたとき」「ハイパーリンク」「ページ」といったプログラムがブロックを通じて可視化されるため、ユーザはこのとき「これまで行っていた一連の動作は、シールをタップすると別のページにハイパーリンクするプログラムを書いていたのだ」ということに改めて気付かされるはずです。

Chapter 4でMOONBlockによるプログラミングをマスターした皆さんならお分かりかと思いますが、ここで「ハイパーリンク」のブロックを取り外し、他の機能ブロックをはめ込めば、機器の動作自体をカスタマイズすることも可能になります。

要するに、enchantMOONでは初期設定はもとより、ありとあらゆる動作がこうしたプログラミングを通じて行われる

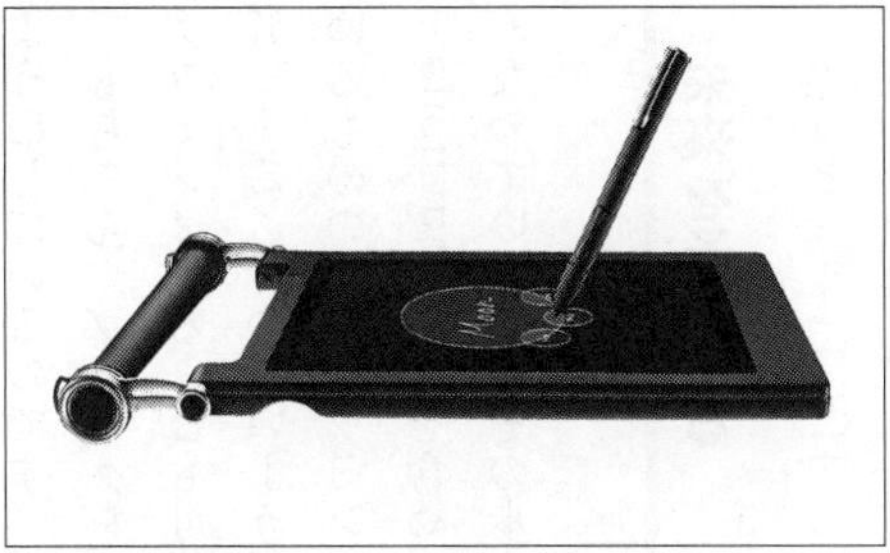

著者らが開発した端末「enchantMOON」

ようにしているのです。

もちろん、ブロックを使わずに JavaScript のようなスクリプト言語を用いて直接プログラミングすることも可能ですが、ブロックを使うことによってでもプログラムの表現力が低下することの無いよう、とても注意を払って作っていて、究極的にはペンと指だけであらゆるもののプログラミングを可能とすることを目指しています。

enchantMOON を含め、筆者らの取り組みは始まったばかりではありますが、これからどうなっていくか、その歩みをどうぞお楽しみに。

未来を予測する

先ほど Smalltalk の開発者として紹介したパーソナルコンピュータの父、アラン・ケイはいくつかの名言を残していることでも知られています。
そのうちの一つが、

"The best way to predict the future is to invent it."

（未来を予測する最善の方法は、それを発明することである）

というもの。

これは、当時ケイが所属していたゼロックス社・パロアルト研究所のトップ連中が、再三に渡って研究内容の予測を求めてきたことに対する回答だったそうです。

ケイがたどり着いた「パーソナルコンピュータ（組織や企業で所有するのではなく、一人一人がコンピュータを占有するという考え）」「エンドユーザプログラミング（開発者ではなく、ユーザ自身がプログラミングを使いこなすという考え）」といった概念は、今に至るまでコンピュータ開発におけるベースとなっています。

ケイが思い描いたパーソナルダイナミックメディア、通称「Dynabook」は、子供が持って外に出かけ、その場でプログラミングをするという夢の端末でしたが、半世紀経って、私たちはようやくその理想に追いつきつつあります。

特にここまで読み進めていただいた本書の読者なら、プログラミングはどこでも誰でも行える、より身近な存在になるというケイの理想に、新しい意味を見いだしていただけるのではないでしょうか。

ケイは、こうもいっています。

"People who are really serious about software should make their own hardware."

（ソフトウェアについて真剣に考える者は、ハードウェアを作るべきだ）

今あるハードウェアは、その予め設定された機能・制限のために、どうしてもソフトウェアの動きを妨げている面があることも否めません。

次世代のハードウェアが完成するまで、新しいソフトウェアの研究を止める方向で留まるのではなく、発展的な開発を遂げるべく、次世代のハードウェアと一緒にソフトウェアをも研究・開発すべきなのです。

近年、商業的な側面、もしくは技術的な側面から「ソフト開発」が重要視されていた時代が終わりを告げ、再び「ハード開発」に時代が戻りつつあります。

それはかつて商業的な理由で遠ざけられてしまったものが、今再びその価値を見直されようとしているということであり、そのこともケイの理想に新しい意味を加え始めています。

そういった想いを形にした、プログラミングハードウェア「enchantMOON」を筆者らが開発したとき、いち早く興味を持ってくれたのは、まさにそのアラン・ケイでした。

「全ての子供たちにプログラミングを」という崇高な夢。

60年代にパーソナルコンピュータというコンセプトを考え出した瞬間からずっと今まで、彼はその夢を、変わらずに追い求めているのです。

COLUMN
コンピュータの誕生と進化 5

そして人工知能の時代へ

「人工知能」を活用する手段としてのプログラミング

2020年現在、プログラミングについて考えれば、人工知能は切っても切れない関係にあります。

特にここ数年で人工知能は急速に発達しています。本書が最初に刊行されたのは2014年でしたが、その頃はまだ、人工知能が社会でここまで話題になることはありませんでした。筆者もようやく仕事に活用できる手応えを摑んだくらいで、具体的に人工知能がプログラミングとどのような関係になるのかまでは想像できなかったように思います。

「人工知能」と一口に言っても、さまざまな定義があり、簡単に論じることはできません。ですが筆者は、人間や動物の脳細胞や神経細胞の構造を真似て作られたもの、つまり「人工ニューラルネットワーク」が人工知能の主流になっていくと確信しています。

人工ニューラルネットワーク自体は、昔からある考え方でしたが、その性能の向上は難航し、挑戦と失敗を繰り返してきたものでもあります。それがこの数年の間に、人工知能に上手に学習させる手法が発見され、工夫を重ねたことによって、飛躍的に発達しました。

この手法は深層学習、俗に「ディープラーニング」と呼ばれます。

ディープラーニングとは、複数の階層を用いて行う機械学習のことで、本来は人間が行うようなタスクをコンピュータがこなせるようにする手法です。セキュリティの分野から小売り、医療などへと活用範囲が広がる画像認識も、コンピュータが囲碁で人間のチャンピオンに勝ったことも、全てはこのディープラーニングと人工ニューラルネットワークの成果に相違ありません。

筆者も子供の頃、遊びの一環として、幾度となく人工ニューラルネットワークを作ったことがありましたが、性能を高める方法が分からず、都度壁にぶつかっていました。しかし研究を地道に続けた人たちがディープラーニングを発見。コンピュータの性能が向上したことも相まって、人工ニューラルネットワークがさまざまな分野で活用される時代が到来しつつあります。

人工ニューラルネットワークを作るには、今のところプログラミングするしかありません。しかし筆者が代表取締役社長を務めるギリアを始めとしたさまざまな会社が、プログラミングをせずに人工知能を作ることができる環境を開発し、提供しています。たとえばギリアで提供しているソフトウェア「DeepAnalyzer」の場合、マウスでの操作を通じ、人工知能に覚えさせたい画像や音声をアップロードするだけで自動的に学習が完了します。

ただし、学習が完了した人工知能を実際に何かの業務に役立てようとすれば、新たにプログラミングをする必要が出てきます。あくまで現時点でのそれらは、人工知能を作るだけに留まり、使い方はプログラマーらが考える必要があるのです。また単に画像や音を認識したりするのでなく、自動運転のように周囲の状況を見て、自ら判断するような高度な人工知能を作るには、こうしたソフトを通じた学習だけでは不十分で、何らかのアルゴリズムが不可欠でした。

しかし現在、人工知能はアルゴリズムを構築することなしに、学習だけで正しい判断ができるようになっています。囲碁のチャンピオンを負かした人工知能も、戦略を考えたアルゴリズムを詳細に作り込むのではなく、人工知能同士で大量の対局を繰り返して学習し、いわば「直感」を鍛えることによって、人間より強くなりました。その意味で、プログラムが行うこととはつまり、人工知能が学習するための環境を整えることと同義です。人工知能は基本的にコンピュータの中にいる存在ですから、それを教育するための環境はプログラミングして整えなければなりません。そのために、プログラマーの創意工夫が大変に重要なのです。

進化を重ねたことで、プログラミング自体はますます簡単となり、そのハードルは下がり続けています。一方でこれからの時代はニーズに合った人工知能を作り、それをうまく使うという意味で、プログラマーの柔軟な発想が重要性を増しているのです。

人工ニューラルネットワークは、究極的には「回析格子」で表現できることが分かっています。回析格子とは、ガラスの表面に傷をつけて光を乱反射させたものです。

コンピュータが学習した人工ニューラルネットワークを回析格子に変換すると、全く電力を必要とせず、光の動きだけで物体を認識したり、何らかの判断を行ったりできるようになります。

ということは、人工知能に使われる電力は激減し、同じアルゴリズムであっても、人工知能に学習させて回析格子にした方が、そのままコンピュータで動かすよりも少ない電力で使えるようになるわけです。

そう考えると、これからのプログラムは人工知能を作り、また作った人工ニューラルネットワークから得られた判断を、実際にモーターやスピーカーに伝える役割になっていくことでしょう。人工知能の時代こそ、プログラマーの腕の見せ所というわけです。

人間では説明できないレベルへ

自動計算機としてのコンピュータを最初に考え出したのがバベッジですが、プログラムの基礎理論に大きく貢献したのは、実はエイダという女性だったことを既に述べました。エイダは持ち前の卓越した洞察力で、まだ地球上に存在すらしていないコンピュータの可能性を「実行手順を人間が説明できるものであればどんな処理でも実行できる」と看破しました。

19世紀の人物がこれほど的確な未来予測をできていたことは本当に驚きです。彼女の予言どおり、実際にコンピュータは単なる計算だけでなく、文章、画像、音声、動画、といったものまで扱うことができるようになりました。こうした情報を扱う実行手順を、主に現在では「プログラム」と呼んでいます。

ところが、ディープラーニングは、エイダすら予想できなかったことを成し遂げてしまいます。それは実行手順を「人間が説明できない」ものであっても、適切な教師データさえあれば自動的に学習できてしまう、という機械の出現です。

ディープラーニングはアルゴリズムと言うより、テクニックです。そしてディープラーニングが「学習」させるのは、人間や動物の脳細胞や神経回路の構造を形だけ真似た人工ニューラルネットワークと呼ばれるものだと先に記しました。それは、これまでのコンピュータと全く異なる構造のものです。そして確かに全く異なるのですが、その構造を模倣（シミュレーション）することは可能であるため、現時点での人工ニューラルネットワークは、もっぱらコンピュータ上のシミュレーションとして実現されています。

ディープラーニングが登場したばかりの頃、多くの人工知能研究者はそれを懐疑的な目で見ていました。なぜならば、原理そのものは非常に簡単なのに、なぜディープラーニングがうまくいくのか、うまく説明できなかったからです。

説明できないことを嫌う研究者たちは、最初、ディープラーニングの存在を無視しようと試みました。しかし時間が経つにつれ、ディープラーニングは看過できないほどの存在になっていきます。そしてついに、これまでの「実行手順が説明可能な処理」と全く異質な「入力と結果のペアだけを示せば原理上、何でも学習できてしまう機械」が誕生したのです。

その最たる例が2017年、囲碁のチャンピオンに勝つという偉業を成し遂げたGoolge傘下のDeepMind社が作ったプログラム、AlphaGoです。見事な戦法で人間に勝利したAlphaGoは人間の力を借りず、AIのみでの自己対戦によって学習し、さらに強いAlphaGo Zeroへと進化。最終的には、あらゆる決定論的ゲームにおいて人間に勝利する、AlphaZeroという汎用的な戦略人工知能へと進化しました。

AlphaZeroの特徴は、全てのソースコードを印刷しても、ホワイトボード一面に収まってしまうほどシンプルな構造であること。少し人工知能のプログラミングを学んだ人ならば、AlphaZeroを再現することはさほど難しくありません。

でも「これが人間に勝つプログラムである」という事実は理解できても、人間からは、どのよ

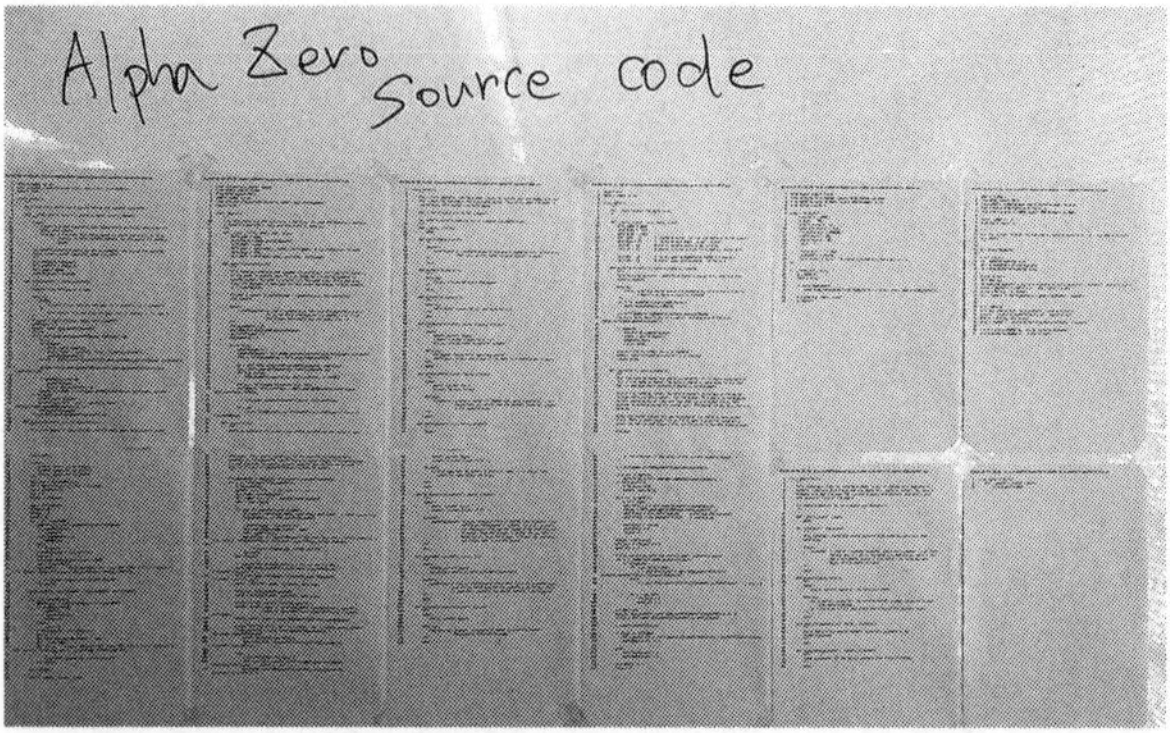

AlphaZero のソースコード

うにして勝つのか、本当のところは理解できない。一つひとつの計算を紐解いてみれば、非常に簡単な掛け算と足し算の繰り返しに過ぎず、世の中にはもっと複雑なプログラムの方が多いほど。しかし全体として計算の組み合わせを発見できれば、それが現実として、最強の人工知能になってしまったのです。

直感を備えた人工知能の登場

しばらくの間、人工知能研究者の間でも、それが意味するところが何なのかを理解するのは困難と考えられていました。もちろん全ての研究者のコンセンサスをとったわけではないので断定できませんが、筆者はこの状況を「直感力を獲得する機械の登場」と解釈しています。

AlphaZero への入力は「盤面の画像」だけで、出力は「そのとき打てる手」だけ。そして学習が終わったAlphaZeroは盤面をぼんやり「見る」だけで、「どこに打てば勝てそうか」を瞬時に判断する直感を備えました。もちろん直感だけでは心もとないので、人間と同じように何手か先まで読んで打ち手の有効性を確認するのですが、基本的には〝勘〟です。

これまで、ある写真だけを見せて、それが猫なのか犬なのかを判別する手順を説明するのは不可能とされてきました。実物であれば「ワン」と鳴けば犬で「ニャン」と鳴けば猫、と判断できるかもしれませんが、写真だけで判別することになれば、確かにかなり難しい。

小さい子供とのやりとりを想像してみると良いかもしれません。猫と犬の違いをよく分かっていない子供から「あれはどうして犬なの?」と聞かれた際、「耳が尖ってるからだよ」などと答えれば「でもあっちにいるのも耳が尖っているけど、猫なんでしょ。どこが違うの?」などと延々と質問を受けることになります。もちろんヒゲがあるとか、鼻が丸いと答えても結果は同じであり、こうしたやりとりを鬱陶しく感じた人も少なくないでしょう。

でもこのやりとり、実は、人間はある程度複雑な物事は「それ以上は説明しなくても(直感で)分かってよ」という暗黙の了解事項で判断している、ということの証左です。つまり、それが犬であるか猫であるかは、直感的に覚えてもらうしかないのです。

今の人工知能は、まさにその「直感的な理解」を可能にしました。ただし人工知能も「答え」を、予め誰かから教えてもらわなければなりません。これも考え方としては、幼児用の教材とよく似ています。猫と犬の写真や絵を見せて「これは猫」「それは犬」と子供に覚えてもらう、あの方法です。

犬と猫の判別が何の役に立つのか、と思われたかもしれませんが、もちろんこれは人工知能の持ちうる能力の一端に過ぎません。たとえば、大量の日本語文書と英語文書を見せて学習させれば、日本語の文章を英語に翻訳する人工知能ができるわけです。

その昔、自動翻訳といえば、日本語の文章を分節や品詞ごとに細かく分け、対応する言語の品詞に変換したり、語順を整えたりして作り上げていました。つまり自動翻訳とは、翻訳の実行手順を説明しようと試みたものだったのです。

確かにそれでうまくいきそうなものですが、現実として使われている言語は、文法上正しいものばかりではなかったり、論理的に矛盾したもの、感性に訴えかけるようなものもあったりして、うまく翻訳することができませんでした。

ところが、ディープラーニングを用いた人工知能は、そうした翻訳の手順は一切説明せず、ただひたすら日本語の文章と英語の文章を教わるだけで、自動的に文章の意味を汲み取り、適切な翻訳ができるようになりました。実際、Google翻訳はそのように作られています。

　最近だとFacebookのAI研究所が、複雑な微分方程式とその解の組み合わせを人工知能に学習させると、アルゴリズム的な方法で方程式を解くより、高速かつ正確に解が得られることを実験によって示しました。つまり、かなり複雑なアルゴリズムであっても、ニューラルネットワークで代替すれば、より高い次元で処理できる可能性が生まれているのです。

　現実を見てみれば、もはやディープラーニングを使うのがあたりまえという世界に突入しつつあります。あるときからスマートフォンのカメラの性能が劇的に上がったのを感じている読者の方もいるかもしれません。もちろんセンサー類の進歩も欠かせなかったのですが、それ以上に進歩したのは画像処理の技術でした。これも暗い場所で短時間撮影したノイズだらけの写真と、長時間撮影したノイズの少ない写真を対応付けて学習させたことで、人工知能によって短時間の撮影でもノイズのないクリアーな画像を得られるように進歩させた結果です。

問われる「考える」の意味

　以上のように、すでに人工知能は私たちの生活と欠かせないものになりつつあります。それでは、生活と不可分となるこの先、人工知能とコンピュータはどんな関係になるのでしょうか。

人工ニューラルネットワークを備え、自動走行するロボット

今現在、人工知能（特にディープラーニングされた人工ニューラルネットワーク）は、コンピュータ上のシミュレーションによって動いています。実際には命令語を一つずつ順番に実行するコンピュータプログラムに比べ、生物の神経細胞とほとんど同じ構造の人工ニューラルネットワークはあらゆる処理を同時並行で行うことが可能です。これは、処理が劇的に高速化できることと、最終的には消費する電力が少なくて済むことを示唆します。

回析格子でもニューラルネットワークをシミュレートできることをすでに説明しました。そうなれば、ニューラルネットワークを動作させるのに電源さえいらないことになります。ただ、光さえあればいいわけですから。

ギリアで行った実験では、シミュレーション環境で的確な判断をする人工ニューラルネットワークを現実世界のロボットに転写すれば、従来のようなアルゴリズムを一切使わずに自動走行するものが作れることが分かっています。

おそらく、これからの半導体やカメラの設計、ロボットなどの設計が大きく変わるのも間違いないでしょう。今はあくまでコンピュータ上でニューラルネットワークが動いていますが、そう遠くない未来、ニューラルネットワークが主となり、そこからの指示をもとに、コンピュータが各種センサーやモーターを動作させる日が来るのかもしれません。

こうした状況を鑑みるに、実は私たちは、知識や「考える」という行為そのものを過剰に難しく、高度なものだと思いこんでいたのかもしれません。実際には、まず直感を磨き、そのあと、なんとなく言葉で辻褄をあわせていたのかもしれない。

人工知能の発展が私たち人類に突きつけているものは、「考えるということは、実際には何を意味するのか」という根源的な問いに違いないのです。

おわりに

『教養としてのプログラミング講座』、いかがだったでしょう。

プログラミングというものが、とても身近な存在であり、とても価値のあるものだということがお分かりいただけたのではないでしょうか。

本書は、五反田にあるイベントスペース「ゲンロンカフェ」での講座、そして成蹊大学での授業がそのベースになっています。

プログラマーでない皆さんにも「教養としてのプログラミング」を知ってもらおう。そしてプログラミングが人生を輝かせてくれることを感じてもらいたい。そんな気持ちで始めたゲンロンカフェの講座でしたが、瞬く間にチケットは売り切れ、多くの方が熱心に受講してくれました。

その成果をもとに、今度は「理系ではなく、文系の学生たちにプログラミングを教えたい」と考え、成蹊大学の経済学部で授業を行いました。そしてこの機会は私の人生の中でも、最も印象的な時間となりました。

それまでの人生でプログラミングなど全く縁がなかったであろう学生たちが、熱心に、時には顔をしかめながら、プログラミングを学ぶ。「自分でプログラミングする」ことへの新鮮な驚きや感動を私に思い出させてくれながら、わずか13回の授業で、ほぼ全員がゲームプログラミングをできるまでに成長してくれました。

これらは一生忘れられないものになったのと同時に、全ての人にとってプログラミングが教養となり、また楽しめるものにもなり得るという確信につながっています。そしてこれらの成果が本書を執筆しようと考えた、その出発点の一つとなりました。

そして２０２０年、この日本でいよいよ、学校教育の中でプログラミングが取り扱われることとなりました。しかし、プログラミングを学ぶことの大切さがあちこちで訴えられる一方で、当のプログラマーと呼ばれる人でさえも、プログラミングというものが持つ、本当の価値を知らないのではないかという疑問も私の中で生まれてきたのが、もう一つの出発点です。

私はたまたまプログラミングとともに育ち、たまたま人生のわずかな時間を職業プログラマーとして過ごした後、企画者、そして経営者となったときに、プログラミングの考え方というものがもっと幅広く、応用範囲の広いものであることに驚かされました。

今、経営者としての私はまさに会社組織をプログラミングしています。

この原稿を書いていたのはロサンゼルスに向かう飛行機の中でしたが、こうしている間にも、私の会社では、私がいなくても、私が決めた通りに仕事が進み、社員が働き、利益を生み出しています。つまり、私がプログラミングした組織は、私がいなくてもきちんとまわっているのです。

かつてこういう技能は「経営能力」だとか「仕組みを作る力」だとか、色々な名前をつけて呼ばれていました。しかし、私にとって明確にこれはプログラミング能力、つまり、自分のいないところで、「自分以外のものを自分の思い通りに動かす方法」として身に付いているものなのです。

プログラミング技術はもともとは機械を操るために20世紀後半から急速に発達したものですが、その発達の思わぬ恩恵として、私たちが「プログラミングではない」と見なしていたものも、その一種として捉えられるまでになりました。

確かに、21世紀に生まれた大富豪の多くはプログラミング能力を持っています。このことは、決して偶然でないと私には思われてなりません。

さらに、私は6歳からプログラミングを始め、自分で思い描いたゲームを作ることができるようになるまでには約10年を要しました。

しかし、それからは1年もあれば好きなゲームプログラムが書けるようになり、今なら著者らが開発したゲームエンジン「enchant.js」を使えば、9分もあれば、何らかのゲームの骨組みを作ることができるまでになっています。それこそ半日もあれば、世間で販売されているような、立派なゲームが作れることでしょう。

その証拠に、かつて私は週刊アスキー誌上で「毎週、新作ゲームを作る」という無謀とも思える連載を1年間続けることができました。

本誌で紹介したMOONBlockのプロトタイプを作るのにかかった時間も、わずか半日に過ぎません。この開発速度は、過去の常識からすれば、控えめにいっても驚異的で、近年のプログラミング環境がどれほど恵まれているか分かります。

思ったものを作ることができるようになると、プログラミングは本当に楽しい。

特に最近はプログラミング環境がとても充実しているため、少年の頃の私のように10年も練習しないと思うようなプログラミングができない、なんてこともないはず。

本書で紹介したプログラミングテクニックは、まだほんの入り口に過ぎません。プログラミングの世界にはまだまだ面白いこと、驚くようなこと、ワクワクすることがたくさんあります。

もし本書を読んで、プログラミングの魅力に気付いたなら、次はぜひもっと高度なプログラミングに挑戦してみてください。プログラミングは、やればやっただけ、確実に上達するという、とてもやりがいのある世界なのですから。

末筆となりましたが、本書を書くきっかけとなったゲンロンカフェの共同オーナーである、哲学者の東浩紀さん。声をかけ、私の乱文をなんとか本の形にまとめてくれた中央公論新社の吉岡宏さん。東京大学大学院の授業を通じ、私にコンピュータ科学者の歴史や、その関わりについて、体系的に学ぶ機会を与えてくれた西田友是東京大学名誉教授。プログラミングとは本質的には何なのか、そのヒントをくれた慶應義塾大学の増井俊之教授。私とともにプログラミングを簡単にする手法を一緒に考えてくれた東京大学の伏見遼平くん、田中諒くん。MOONBlock の開発に多大な貢献をしてくれた前田靖幸さん、高橋諒くん、布留川英一くん。enchantMOON の開発に多大な貢献をしてくれた辻秀美さん、増田哲朗くん、そのほか UEI で働いている全ての皆さん。成蹊大学経済学部で授業をする機会を与えてくれた坂井直樹先生。本当に熱心に授業を聞いてくれた成蹊大学の皆さん、ゲンロンカフェの講座「ノンプログラマー・プログラミング入門」受講者の皆さん。そして本書の執筆に多大なる貢献をしてくれた柿澤彩香さんに謝辞を述べさせていただきたいと思います。みなさんのおかげで本書ができました。ありがとうございます。

最後に、ここまでお読みいただいた、読者の皆さんに感謝の意を。

筆者らはプログラミングをもっと本質的に簡単にし、人々の生活を豊かにしていくために使うことができないか、日夜研究を重ねています。その成果の一つが、enchantMOONというハードウェアであり、MOONBlockというソフトウェアですが、これらも今はまだ発展の途上にあります。

まだまだプログラミングはより簡単に、楽しく、そして便利になっていくことでしょう。皆さんも実り多きこの世界に、ぜひ挑戦してみてください。

清水　亮

参考文献

亀山渉／花村剛監修『デジタル放送教科書　上』インプレスネットビジネスカンパニー、2004（インプレス標準教科書シリーズ）

朝倉慶著『2011年本当の危機が始まる！　国債バブルと商品高がもたらす「恐怖のシナリオ」』ダイヤモンド社、2010

木村吉次編著『体育・スポーツ史概論　改訂2版』市村出版、2010（体育・スポーツ・健康科学テキストブックシリーズ）

マーチン・キャンベル・ケリー／ウィリアム・アスプレイ著、山本菊男訳『コンピュータ200年史　情報マシーン開発物語』海文堂出版、1999

長谷川裕行著『ソフトウェアの20世紀　ヒトとコンピュータの対話の歴史』翔泳社、2000

ハワード・ラインゴールド著、日暮雅通訳『新・思考のための道具　知性を拡張するためのテクノロジー――その歴史と未来』パーソナルメディア、2006

岸野正剛著『エピソードでたどるパソコン誕生の謎』電気学会、2010

参考文献

ジョージ・ダイソン著、吉田三知世訳『チューリングの大聖堂　コンピュータの創造とデジタル世界の到来』早川書房、2013

SCC出版局編集『Java入門　Java7版』エスシーシー、2013（SCC Books B-362 Javaバイブルシリーズ）

エドウィン・ブラック著、小川京子訳、宇京頼三監修『IBMとホロコースト　ナチスと手を結んだ大企業』柏書房、2001

マイケル・パターソン著、角敦子訳『エニグマ・コードを解読せよ　新証言にみる天才たちのドラマ』原書房、2009

サラ・チューリング著、渡辺茂／丹羽富士男共訳『アラン・チューリング伝　電算機の予言者』講談社、1969

P・H・ウィンストン／K・A・プレンダギャスト共編、森健一ほか共訳『AIビジネス』近代科学社、1986

スコット・マッカートニー著、日暮雅通訳『エニアック　世界最初のコンピュータ開発秘話』パーソナルメディア、2001

服部桂著『マクルーハンはメッセージ　メディアとテクノロジーの未来はどこへ向かうのか？』イースト・プレス、2018

ダグラス・K・スミス／ロバート・C・アレキサンダー著、山崎賢治訳『取り逃がした未来　世界初のパソコン発明をふいにしたゼロックスの物語』日本評論社、２００５

マイケル・ヒルツィック著、エ・ビスコム・テック・ラボ監訳、鴨澤眞夫訳『未来をつくった人々　ゼロックス・パロアルト研究所とコンピュータエイジの黎明』毎日コミュニケーションズ、２００１

レイ・カーツワイル著、井上健監訳、小野木明恵／野中香方子／福田実共訳『ポスト・ヒューマン誕生　コンピュータが人類の知性を超えるとき』日本放送出版協会、２００７

Alan Curtis Kay著、鶴岡雄二訳『アラン・ケイ』アスキー、１９９２

掲載した内容は２０１４年２月現在のものであり、２０２０年４月に増補版を出すにあたって一部改編した上で書き下ろし原稿を追加しました。

ラクレとは…la clef=フランス語で「鍵」の意味です。
情報が氾濫するいま、時代を読み解き指針を示す
「知識の鍵」を提供します。

中公新書ラクレ
686

増補版《ぞうほばん》
教養《きょうよう》としてのプログラミング講座《こうざ》

2020年4月10日発行

著者……清水《しみず》 亮《りょう》

発行者……松田陽三
発行所……中央公論新社
〒100-8152 東京都千代田区大手町1-7-1
電話……販売 03-5299-1730 編集 03-5299-1870
URL http://www.chuko.co.jp/

本文印刷……三晃印刷
カバー印刷……大熊整美堂
製本……小泉製本

Published by CHUOKORON-SHINSHA, INC.
Printed in Japan ISBN978-4-12-150686-3 C1204

中公新書ラクレ　好評既刊

L611
50歳からの人生術
――お金・時間・健康

保坂　隆 著

人生後半の質は、自分自身で作るもの。お金があるからといって幸せとは限らない――。精神科医として長年中高年の心のケアをしてきた著者は、人生後半で大切なのは「少ないお金でも心豊かに過ごすこと」だと説く。定年を意識し始める50歳から、「老後のためにお金を貯める」のではなく「今を大切にしながら暮らしを考える」ことで、お金の不安を静かに解きほぐし、「楽しい老後」への道を開く！　心が軽くなるスマートな生き方のヒントが満載。

L613
英国公文書の世界史
――一次資料の宝石箱

小林恭子 著

中世から現代までの千年にわたる膨大な歴史資料を網羅する英国国立公文書館。ここには米国独立宣言のポスター、シェイクスピアの遺言書、欧州分割を決定づけたチャーチルの手書きメモから、夏目漱石の名前が残る下宿記録、ホームズへの手紙、タイタニック号の最後のSOS、ビートルズの来日報告書まで、幅広い分野の一次資料が保管されている。この宝石箱に潜む「財宝」たちは、圧巻の存在感で私たちを惹きつけ、歴史の世界へといざなう。

L614
奇跡の四国遍路

黛　まどか 著

二〇一七年四月初旬、俳人の黛まどかさんは、総行程一四〇〇キロに及ぶ四国八十八か所巡礼に旅立った。全札所を徒歩で回る「歩き遍路」である。美しくも厳しい四国の山野を、施しを受け、ぼろ切れのようになりながら歩き継ぐ。倒れ込むようにして到着した宿では、懸命に日記を付け、俳句を作った。次々と訪れる不思議な出来事や奇跡的な出会い。お遍路の果てに黛さんがつかんだものとは。情報学者・西垣通氏との白熱の巡礼問答を収載。

L615
「保守」のゆくえ
佐伯啓思 著

世界の無秩序化が進み日本も方向を見失っている今、私たちは「保守とは何か」を確認する必要に迫られている。そのなかで成熟した保守思想の意味を問い直し、その深みを味わいある文章で著したのが本書だ。「保守主義は政治の一部エリートのものではない。それは自国の伝統にある上質なものへの敬意と、それを守る日常的な営みによって支えられる」と著者は述べる。本書が見せる保守思想へのまなざしは、時に厳しくもまた柔軟で人間味豊かだ。

L616
読む力
――現代の羅針盤となる150冊
松岡正剛＋佐藤　優 著

「実は、高校は文芸部でした」という佐藤氏の打ち明け話にはじまり、二人を本の世界に誘ったセンセイたちのことを語りあいつつ、日本の論壇空間をメッタ斬り。既存の価値観がすべて潰えた混沌の時代に、助けになるのは「読む力」だと指摘する。サルトル、デリダ、南原繁、矢内原忠雄、石原莞爾、山本七平、鳥耕作まで?! 混迷深まるこんな時代だからこそ、読むべきこの130年間の150冊を提示する。これが、現代を生き抜くための羅針盤だ。

L619
サラブレッドに「心」はあるか
楠瀬　良 著

「今日は走りたくないなあ」「絶好調！ 誰にも負ける気がしない」など、レース前に馬が何を考えているかがわかったら――と思っている競馬ファンは多いことでしょう。残念ながら馬は人間の言葉を話してはくれませんが、その心理と行動に関する研究は日々進歩しています。本書では、日本一の馬博士がその成果を余すところなく紹介、「馬は何を考えているか」という難問に迫ります。さて、サラブレッドは勝ちたいと思って走っているのでしょうか？

L620
読売新聞 朝刊一面コラム 竹内政明の「編集手帳」傑作選
竹内政明 著

読売新聞 朝刊一面コラム「編集手帳」の執筆を退いた竹内政明氏の最後のコラム集。勝った人より「負けた人」に、幸せな人より「日の当たらない人」に寄り添い、人々の心の襞に分け入る当代きってのコラムニストによる自選121編の「傑作選」と、ラクレ未収録分30編を収録。「泣けるコラム」で多くのファンを魅了してきた竹内氏の珠玉の作品集。「編集手帳」執筆にかける思いを語った日本記者クラブ賞受賞記念講演会の講演録も収録。

L624

日本の美徳

瀬戸内寂聴＋ドナルド・キーン 著

ニューヨークの古書店で『源氏物語』に魅了されて以来、日本の文化を追究しているキーンさん。法話や執筆によって日本を鼓舞しつづけている瀬戸内さん。日本の美や文学に造詣の深い二人が、今こそ「日本の心」について熱く語り合う。文豪たちとの貴重な思い出、戦争や震災後の日本への思い、そして、時代の中で変わっていく言葉、変わらない心……。ともに96歳、いつまでも夢と希望を忘れない偉人たちからのメッセージがつまった対談集。

L630

上皇の日本史

本郷和人 著

外国では、退位した王・皇帝に特別な呼称はない。いったん退位すれば、その権威・権力はすべて次の王・皇帝に引き継がれるからである。ところが日本では、退位した天皇は「上皇」と呼ばれ、ときに政治の実権を掌握してきた。では「上皇」とは、どのような存在なのか？二百年ぶりの天皇の譲位、上皇の登場を機に、上皇の歴史を辿り、現代における天皇・皇室、そして日本と日本人を考えるための視座を提示する。

L632

ビンボーでも楽しい定年後

森永卓郎 著

見た目も若々しい人から一気に老け込んでしまう人まで、「定年後格差」が広がるなか、本書は、年金の範囲内で生活できる技術や態勢を説くとともに、生きがいづくりのヒントを盛り込みました。資産運用、住まいの選択、相続のポイントから、節約術あれこれ、トクする小ネタ集、対人関係の秘訣、ネットの活用まで、具体的知見をお届けします。全81本のまさに知恵の宝庫。本書は定年後を楽しむためのノウハウをまとめた現代人必須の一冊です。

L633

老いと孤独の作法

山折哲雄 著

人口減少社会、高齢社会を迎えたいまこそ、人間の教養として、「一人で生きること」の積極的な意味と価値を見直すべきときではないか。歴史を振り返れば、この国には老いと孤独を楽しむ豊かな教養の伝統が脈打っていることに気づくだろう。西行、鴨長明、芭蕉、良寛、山頭火……。宗教学者として、日本人のさまざまな生と死に思いをめぐらせてきた著者が、みずからの経験を交えながら、第二の人生をどう充実させるかを考える。

L634
人生の十か条
辻　仁成 著

作家で、ミュージシャンで、一人の父、辻仁成氏。多様な活動を前に生じた想いをツイッターやWEBサイトを通じて発信している。この新書は、その辻氏が配信して反響を呼んでいる「十か条」に、書き溜めたコラムやエッセイを合流、大幅に加筆編集をしたもの。悩んだときや壁にぶつかったとき、あなたはどう考え、そしてどう行動するべきか？　不運、トラブル、人間関係。どんなに辛いことも、この「十か条」があれば、きっと大丈夫。

L636
不動産投資にだまされるな
――「テクニック」から「本質」の時代へ
山田寛英 著

ハードルが下がり続ける不動産投資。しかし不動産に特化した会計事務所を手がける著者は「安易に手を出す風潮は危うい」と警鐘を鳴らす一方、「富裕層の多くが不動産投資を学んでいるのは事実で、もっと多くの人がその本質を知るべき」とも主張する。不動産投資家となれば、それは弱肉強食の世界で生きることを意味し、だまされたら負け。それでも実在する生き残る術とは一体？　これでもう業者にも小手先のテクニックにも「だまされない」！

L637
新装版 役人道入門
――組織人のためのメソッド
久保田勇夫 著

中央官庁で不祥事が相次ぎ、「官」への信用が失墜している。あるべき役人の姿、成熟した政と官のあり方、役人とは何か？　「官僚組織のリーダーが判断を誤ればその影響は広く国民に及ぶ」。34年間奉職した財務官僚による渾身の書を緊急復刊！　著者の経験がふんだんに盛り込まれた具体的なノウハウは、指導者の地位にある人やリーダーとなるべく努力をしている若手など、組織に身を置くあらゆる人に有効な方策となる。

L638
中学受験「必笑法」
おおたとしまさ 著

中学受験に「必勝法」はないが、「必笑法」ならある。第一志望合格かどうかにかかわらず、終わったあとに家族が「やってよかった」と笑顔になれるならその受験は大成功。他人と比べない、がんばりすぎない、子供を潰さない、親も成長できる中学受験のすすめ――。気鋭の育児・教育ジャーナリストであり、心理カウンセラーでもある著者が、中学受験生の親の心に安らぎをもたらす「コロンブスの卵」的発想法を説く。中学受験の「新バイブル」誕生！

L639

米中衝突
――危機の日米同盟と朝鮮半島

手嶋龍一＋佐藤　優　著

米朝首脳会談を通じて「恋に落ちた」と金正恩を讃えるトランプ。北朝鮮の背後にあって「海洋強国」を目指す習近平の中国。朝鮮半島は中華圏に引き寄せられ、日本は米中衝突の最前線で烈風に曝されつつある。「米朝開戦か！」と騒がれていた2017年秋、早くも「米朝はいずれ結ぶ」と言い当てたインテリジェンスの巨匠2人が、「新アチソンライン」という新たな視座とともに提示する驚愕のシナリオとは。日本の危機を直視せよ！

L640

「オウム」は再び現れる

島田裕巳　著

麻原彰晃らオウム真理教の幹部13人の死刑が執行された。未曽有の大事件から我々は何を学ぶべきなのか。自身の評論活動から、一時「オウムシンパ」との批判を受け、以来、オウム事件の解明に取り組んできた筆者が、いまこそ事件の教訓を問う。信念なき「普通の人」たちが凶悪犯罪を起こしたのはなぜか。それは、オウムが日本組織に特有な奇妙な構造を持っていたからだ。日本組織の特殊さを理解せずにオウム事件は終わらない。

L643

街間格差
――オリンピック後に輝く街、くすむ街

牧野知弘　著

「家を買うなら五輪後」とまことしやかに語られる東京23区。しかしこの瞬間、大きな変化はすでに起こっていた！　不動産事情に詳しい著者曰く、「働き方改革」に象徴されるライフスタイルの変化に伴い、住まい探しの絶対的価値基準「沿線ブランド」「都心まで○分」が崩壊。各街の〝拠点化〟が進んだ先に新たな格差が露呈し始めたという。湾岸タワマン、団地、観光地――。東京で暮らすなら、足元に迫る「街間格差」に今すぐ備えよ！

L645

戦国武将に学ぶ究極のマネジメント

二木謙一　著

つねに戦争と死と隣り合わせだった戦国時代、武将たちは危機にどう立ち向かったのか。信長・秀吉・家康はじめ戦国のトップリーダーたちの活躍や言葉の中に、現代人の苦悩や挫折を乗り越えるヒントを探る。さらに、歴史学者から女子校経営者に転身、進学校への躍進を果たした、著者みずからの知見と実践をふまえ、組織運営や人材登用など、いまに役立つ、名将たちの戦術・発想・知恵の数々を紹介する。

L646

安彦良和の戦争と平和
—ガンダム、マンガ、日本

杉田俊介 著

『機動戦士ガンダム』の生みの親の一人であり、マンガ家として歴史や神話を題材にした傑作を世に問うてきた安彦良和。『宮崎駿論』などで注目される気鋭の批評家が20時間にわたって聞き取った、「ガンダム」の神髄とマンガに込められたメッセージとは？ ２０１９年は『機動戦士ガンダム』テレビ放送開始から40周年。戦争・歴史マンガの多彩で豊饒な作品世界、日本の歴史、あの戦争、いまの社会――。40年を超える、過去から未来への白熱討論！

L647

日本人が勘違いしている カタカナ英語１２０

キャサリン・A・クラフト 著
里中哲彦 編訳

カタカナ英語とホンモノの英語のあいだには、案外深い溝がある。以下、すべてつうじないと知ったら、驚きませんか。モーニングサービス、ガッツポーズ、ペットボトル、ケースバイケースだ、マンツーマンで、リアクション、ノルマ、ブランド品、ライフライン、ポリシー、イメージチェンジ……。本書は、だれでも知っているカタカナ英語を手掛かりに、自然な英語表現を学んでしまおうというもの。英日両語の達人二人が、楽しく伝授します。

L648

日中の失敗の本質
—新時代の中国との付き合い方

宮本雄二 著

米中が衝突のコースを歩み始めた中、不確定で不愉快な外交リスクが到来。トランプの登場は「アメリカの時代」の終わりの始まりなのか？ 習近平が謳い上げた「中国の夢」「一帯一路」をどう読むか？ 21世紀に入り、日中はともに相手国の把握に「失敗」してきた。私たちは危ういジレンマに直面する中国を認識した上で、失敗にピリオドをうち、そろそろ新時代の付き合い方を構想すべきである。「習近平の中国」を知悉する元大使による一級の分析。

L649

入門！ 自宅で大往生
—あなたもなれる「家逝き」達人・看取り名人

中村伸一 著

人の最期は、〝延命か否か〟の簡単な二元論ではない。食べられなくなったとき、息ができなくなりそうなとき、心臓が止まりそうなときはどうすればいいのか。同居家族がいない場合は。かかりつけ医との付き合い方は……。「家逝き」を望む本人と看取る側は何に備えればいいのか。「村」唯一の医師として在宅医療、介護、看取りを支援してきた経験から四つの「家逝き」の極意を伝授する。国が推進する在宅時代の現実的な「解」を提示する。

L650

観光亡国論

アレックス・カー＋清野由美 著

右肩上がりで増加する訪日外国人観光客。京都を初めとする観光地へキャパシティを超えた観光客が殺到したことで、交通や景観、住民環境などで多くのトラブルが生まれた状況を前に、東洋文化研究家のアレックス・カー氏は「かつての工業公害と同じ」と主張する。本書はその指摘を起点に世界の事例を盛り込み、ジャーナリスト・清野氏とともに建設的な施策を検討していく一冊。真の観光立国となるべく、目の前の観光公害を乗り越えよ！

L651

続・孤独のすすめ

——人生後半戦のための新たな哲学

五木寛之 著

人は本来孤独を恐れるべきものだろうか。あるいは、孤独はただ避けるほうがいいのか。私は孤独の中にも、何か見いだすべきものがあるのではないかと思うのです。（中略）孤独の持っている可能性というものをいま、私たちは冷静に見つめ直すときにさしかかっているようにも感じるのです（本文より）。——30万部のベストセラー『孤独のすすめ』、待望の続編！世に流布する「孤独論」を退ける、真の「孤独論」がここに完成した。

L653

教育激変

——2020年、大学入試と学習指導要領大改革のゆくえ

池上　彰＋佐藤　優 著

2020年度、教育現場には「新学習指導要領」が導入され、新たな「大学入学共通テスト」の実施が始まる。なぜいま教育は大改革を迫られるのか。文科省が目指す「主体的・対話的で深い学び」とはなにか。自ら教壇に立ち、教育問題を取材し続ける池上氏と、「主体的な学び」を体現する佐藤氏が、日本の教育の問題点と新たな教育改革の意味を解き明かす。巻末には大学入試センターの山本廣基理事長も登場。入試改革の真の狙いを語りつくした。

L658

ハーバードの日本人論

佐藤智恵 著

判官びいきは日本人の特徴か。日本人はなぜロボットを友達だと思うのか。なぜ細部にこだわるのか。本当に世襲が好きなのか。なぜものづくりと清掃を尊ぶのか。なぜ義理を重んじ、周りの目を気にするのか。なぜ長寿なのか。そもそも、日本人はどこから来たのか……。いまだに日本は世界の不思議だ。世界最高の学び舎、ハーバード大学の10人の教授のインタビューを通して、日本人も気づかなかった日本の魅力を再発見できる一冊。